34歳までとは言わせない!

35歳からのしあわせ婚

35の秘訣

玉井洋子
Tamai Yoko

梓書院

はじめに

「34歳までお願いします」

独身男性はこう言います。結婚相手として紹介してほしいお相手の年齢です。40代、50代でもそうです。

それも一人や二人ではありません。多くの男性がこう言うのです。

「結婚するんだったら、やっぱり子どもが二人は欲しいですから。そうなると、どんなに遅くてもお相手が35歳までには結婚して、36歳で一人目の子ども、38歳で二人目の子どもってなるでしょう。それ以上の年齢になると厳しいですよね」

なんて勝手な言い分なのでしょう。

仮にその願いが叶ったとして、子どもが20歳になったら、男性は還暦を過ぎ、定年退職しているかもしれません。体力的にも経済的にも万全とは言えない状況も考えられるのです。自分の年齢をさし置いて、よくそんなことが言えるものだなと思います。「子孫を残したい」という本能がこのような発言をもたらしているのかもしれません。「親に孫の顔を見せてあげたい」という親を思う気持ちからなのかもしれません。無神経で身勝手な発言なのですが、現実としてこのような発言が多くあることは受け止めなくてはなりません。

確かに、子どもを授かるということは、結婚する大きな目的・意義の一つです。では、結婚する意味は子どもを育てることだけなのでしょうか。

そんなことはありません。

子どもがいる家族であっても、子どもと過ごす時間は20年程に過ぎません。夫婦だけの時間のほうがはるかに長いのです。結婚する、家族になるということには、様々な意味があるはずです。

ホリエモンこと堀江貴文氏は、「これからの時代、結婚制度はいらない」と言っています。農業の歴史から考えた「家族の在り方」についての発言でした。

あまりにも突飛な発言に驚きましたが、一理あるとは思いました。

ただし、私は、結婚制度はこれからの時代も続くと思いますし、必要だと思います。

ライフスタイルが多様化している今の時代、結婚がすべてではありません。結婚はしてもしなくてもいいし、結婚せずに幸せな人生を送っている人もいます。

ただ、「結婚したかったけれどタイミングを逃してしまった」と、後悔する人生は送ってほしくはありません。

結婚生活は、楽しいこと嬉しいことばかりではありません。悲しいこと、辛いこと、苦しいこともたくさんあります。ただ、それを乗り越えることに意味があると思いますし、それが結婚の醍醐味だと思います。

お互いの人生に彩を与え、支え、支えられる人生。

パートナーから必要とされる人生。

そして、お互いの家族に絆が生まれる。

「よりよい人生」のために結婚があるのです。

2009年から始めた『賢く生きる女性のための女性塾――ワイズスクール』。

これから結婚していく女性たちに賢く生き抜いてほしい、しあわせな人生を歩んでほしいと思い、開校したスクールです。

受講生は結婚が難しいと言われている35歳以上の女性が多かったのですが、驚くほどに結婚報告が相次ぎました。受講生の意識が変わったからだと思います。

「心が変われば態度が変わる。態度が変われば行動が変わる。行動が変われば習慣が変わる。習慣が変われば人格が変わる。人格が変われば運命が変わる。運命が変われば人生が変わる」

この言葉を実践した結果だと思います。

2015年秋、ワイズスクールでの経験を活かして、結婚相談所『マリッジ・アゲイン』を立ち上げました。

このように、未婚、再婚を問わず、ずっと結婚したい女性の応援をしてきましたが、「結婚に至れる人」「結婚に至れない人」にはそれぞれ特徴があるということに気づきました。

結婚したいと思う女性に一人でも多く結婚していただきたい。そう思ってこの本を書かせていただきました。

魅力ある女性になれれば、男性から「34歳まででお願いします」なんて言われません。

結婚に適齢期はありません。この本を手に取った、「今」があなたの適齢期なのです。
魅力ある女性になりましょう。

「あなたが大好きです」
「私の人生にはあなたが必要です」
「あなたを必ずしあわせにします」

そう言ってくれる男性に出会いましょう。
あなたのしあわせな人生、豊かな人生を心から応援します。

目次

第4章 しあわせな結婚生活のために必要なこと

第5章 「結婚」をより確実に手に入れるために

コラム一覧

第1章

まずは現実と向き合うことから

［秘訣］1　婚活を公言しよう

現在、「婚活」という言葉の意味がわからない人はほとんどいないでしょう。

それだけ日常的に使われているこの言葉は、2007年、社会学者である山田昌弘先生により造られました。

その山田昌弘先生とジャーナリストの白河桃子さんとの共著『婚活時代』は、婚活経験のない私にとって、衝撃的でした。

何が衝撃的だったかというと、「就活のように婚活を行うべき」などと書かれていたからです。私は、お見合い結婚は別としても、結婚って大恋愛の末に、自然と形になるものと信じていました。義務感に駆られながら結婚相手を探すということに違和感を覚え、ジェネレーションギャップを感じたのです。

私は、2008年に夫婦問題相談室を開業し、翌2009年には、賢く生きる女性のための女性塾、『ワイズスクール』を開校しました。

そのワイズスクールが開校後すぐに「婚活スクール」として、メディアで紹介されたのです。ワイズスクールは、婚活者のみを対象にしていたわけではありません。しかし、スクール生の9割以上が未婚者だったということ、講義内容が「衣・食・住、お金、コミュニケーション」など、女性としてよりよい人生を生きていくために必要なものをラインナップしていたこともあり、「花嫁塾」のように受け取られたのだと思います。スクール開校時期と「婚活」という言葉の流行が同時期だったので、「婚活スクール」として紹介を受けたのです。

ちなみに「婚活」という言葉は、2008年、2009年と連続で『ユーキャン新語・流行語大賞』にノミネートされました。このことからも、当時どれだけ話題になっていたか、おわかりいただけるでしょう。

ここ数年、再び、「婚活」という言葉を多く耳にするようになりました。単なるブームではなく、日本語として定着していると言っていいと思います。ちなみに婚活を英語で言うと、marriage hunting や marriage search などと訳されるようです。言葉が定着しているということは、改めて、婚活が当たり前であり、必要な時代になったということです。

つまり、あなたがステキな人と出会い、しあわせな結婚がしたいと思っているのであれば、最初にやるべきことは「婚活」という言葉をあなた自身が受け入れることです。「婚活」という言葉に過剰反応する人は、男性も女性も少なくありません。「婚活していますす」なんて言うと、負け組人生で、ガツガツしていると思われるし、恥ずかしい」と思っているようです。

では、実際、周囲はそういうものさしで、まなざしで、婚活女性を見ているのでしょうか。

大多数の人はそんな目では見ていません。実際に2015年ブライダル総研の調査でも、結婚支援サービスを使う「婚活」へのイメージは、「結婚に対して積極的・行動的（全体：56・0％）」が1位となっていて、プラスのイメージだと言えます。「私、婚活しています！」と、堂々と宣言すれば、あなたを応援したいと思う人がたくさん現れるはずです。

スクールを主宰している私のところには、スクール生だけでなく多くの女性が恋愛相談に訪れます。相談の最後に小声で「ステキな方がいたらぜひご紹介ください」と言って帰られます。

当時私は、まだ結婚相談所は立ち上げていませんでしたので、ボランティア的に婚活支援をしていました。わざわざ私の相談室を訪れてくださったのですから、すべての人のご縁を繋ぎたいって思っています。しかし、現実には、私にそこまでの力量はありませんし、全員のお名前やお顔を記憶することはできません。

だからこそ、一人でも多くの人に「婚活中」であることを宣言し、ひとつでも多くのチャンスを得てほしいのです。熱意や想いを伝え、応援してくれる人を増やしていかなければならないのです。

自身が婚活という言葉を受け入れられず躊躇してしまっていたら、熱意も想いもきちんと伝わりません。熱意が伝わらなければ、周りの人は動いてはくれません。

自分だけの人脈、5人の人脈、100人の人脈。ステキな人、運命の人に出会える可能性が高いのはどのケースでしょう。

「婚活」を受け入れられず、見栄を張っていると、いい出会いには恵まれません。誇りをもって「婚活」を受け入れれば、より多くの選択肢が生まれることでしょう。

さぁ、今日から自信を持って公言しましょう。

「私、婚活しています！」

[秘訣] 2 「現実」を知ろう

私がセミナーで皆さんに、よくお尋ねすることがあります。

「この部屋に35歳～39歳までの女性が100人いたとして、今年一年間で結婚する人はそのうち何人いると思いますか？」

あなたは、どう思いますか？

20人と答える人もいれば、5人と答える人もいます。

2010年の国勢調査によると、2005年に30歳～34歳だった女性の未婚率は32％、5年後、35～39歳になったときの未婚率は23・1％でした。

わかりやすく言えば、30歳～34歳の女性が100人います。うち、68人は結婚しています。32人は結婚していません。

その5年後、100人の女性は35歳～39歳になりました。77人は結婚しています。23人は結婚していません。

つまり、この5年間で結婚できたのは、32人の未婚女性のうち9人。28％なのです。

また、この5年間で結婚できたのは、全体の9％ということになります。5年間で9％ですから、1年間では約2％。

つまり、35歳を過ぎてしまうと、「結婚したい」と思っていても、この1年間に結婚できる可能性は2％しかないということです。

ちなみに40代では1％になってしまいます。実に厳しい数字です。

この数字を見て、「いつか結婚できるはず」という気持ちになる人は、まずいないと思います。結婚したい気持ちがあれば「そんなに厳しいのだったら、すぐにでも行動しなくちゃ」と思うはずです。

これまで何もやってこなかった人は、すぐ行動に移す必要があります。

ただ、少なからずこれまで何らかの婚活をしてきた人にとっては、2％という数字を聞いたところで「今以上に何をやればいいの？」と、うなだれてしまうのも事実。

これまで活動してきた人は、今の行動を少し変えるだけでいいのです。

婚活イベントに行こうと思っても、35歳以上となれば、思うようなイベントがありません。しかし、そこで落ち込んでいても何の解決にもなりません。思い切って年齢の幅がもっと広いイベントを探してみましょう。

結婚相談所にしてもそうです。入会したものの、なかなか紹介してもらえない。それは、男性がいくつであっても「子どもが欲しいので」という理由で「できれば34歳までの女性を」と平気で言うからです。一人や二人ではなく、多くの男性がそう言います。これも現実です。

だから、結婚相談所に加入している方は、相談所の方と密に相談し、アピールしていく必要があります。また、ご紹介いただける方がいたら、条件云々言わずにとにかくお会いしてみる。今まで月2回イベントに参加していた人は月4回参加する。まず何ができるかを考え、やれることを精一杯やってみることです。

「行動は必ずしも幸福をもたらさないかもしれないが、行動のないところに幸福はない」（ベンジャミン・ディズレーリ）

いずれにしても、行動ありきです。

コラム

パートナーと出会うまでにやったこと

35歳以上で結婚したスクールの卒業生たちに、「パートナーと出会うまでにやったこと」を聞きました。

- とにかく会う人に「婚活宣言」しました。会う人、会う人に「婚活中です。明日にでも結婚したいくらいです。どなたかいい方がいらしたら、ご紹介ください」とお願いしました。あまりの真剣さに引いている人もいましたが、気にせずご縁はどこにあるかわからないと、めげずにお願いしました。
- とりあえず、出会いの場を選ばずに色々参加してみました。
- 週に一度は男性と出会う場所に顔を出すようにしました。
- 最初の2ヶ月間は、土日すべて計8回、婚活イベントをスケジュールに入れました。

・男性が多く参加している習い事を始めました。

・婚活パーティー、結婚相談所、友人の誘い、趣味の場、ボランティアサークルなど、男女構わず、繋がりを作ろうと思っていました。

・結婚したいと思った39歳が適齢期だと思い、絶対に見つかると信じて行動しました。

・プライドや恥は捨てました。

どうですか?

意気込みが伝わってきませんか?

現実を知っていたからこそ、この行動なのです。プライドはあっていいと思いますが、高すぎるプライドや見栄は捨てるべきです。やはり自分自身のために現実は知るべきなのです。

［秘訣］3　「男性にとっての結婚」を知ろう

長年、夫婦問題のカウンセリングを行っていると、男性が結婚に求めていることと、女性が結婚に求めていることって、やっぱり違うと実感します。脳の作りが男性と女性とでは異なっていると言われているのですから、仕方ありません。

それでも、「男ってこんなことを考えているんだ」「結婚をこんな風に考えているんだ」と事前に知っておくと、過剰な期待をせずに済みます。結婚生活において「過剰な期待をしない」ってとても大事です。

「理想の結婚相手」と「理想の結婚生活」はイコールではありません。理想の結婚相手と結婚したからといって、理想の結婚生活が送れるとは限りません。他人同士だった二人が同じ屋根の下に住み始めたに過ぎないわけで、理想の結婚生活を送りたいと思えば、結婚をスタートとして、二人で作り上げていかなくてはならないということです。作り上げていくということは、言葉を換えれば「妥協点を見つけていく」ということになるのかもしれません。結婚に夢が持てなくなると思われるかもしれませんが、まずは現実を知ることからなのです。どんなときでも、何にしてもそう。現実を知るということは、その後の自分の身の振り方を考えるため、理想の結婚生活に近づくために必要なことなのです。過度な期待は、大きな失望を生むことにもなるのです。

まず、男性が結婚したい女性とはどんな人か。

個人差はあるでしょうが、私の経験から３つ考えてみました。

①自分を大事に思ってくれる、一番に考えてくれる、立ててくれる女性

いつでも自分の気持ちを察してくれて、優しく接してくれる。俺を大事に思ってくれている、頼りにしてくれている。立ててくれることで、この人を守りたい、この人のために頑張ろうという気持ちになれる。

②自立した考えを持っていて賢い女性

精神的にも経済的にも自立している女性で、自分をしっかり持っていて賢い人。でも、ふだん二人のときは甘えてくれるし、自分も甘えられる、そんな女性。

③金銭感覚がしっかり備わっている人

恋愛と違って結婚となると、何より大事だと思うのがお金のこと。あればあるだけ使うような金銭感覚の女性とは、結婚は考えられない。一緒に生活するということがどういうことなのかを、きちんと理解できる女性。

次に、男性が結婚生活に求めていることを挙げてみましょう。

①心の安らぎ、癒し
②居心地のよさ
③一緒にいられる
④美味しい手料理
⑤話を聞いてくれる
⑥一緒に感動を味わえる・楽しさ

いかがでしょう？

男性って、結婚生活に対して、ゆったり時が流れていくような、そんな暮らしをイメージしているようです。もちろん、これは私がいろんな方とお会いして、リサーチしたものですから、これがすべてではありません。とは言え、仕事で疲れて帰ってきたら、家では安らぎたいし、ダラッとしていたいのです。そこに幸せを感じるのです。

私が以前、夫婦問題カウンセラーとしてTV出演した際、男性アナウンサーがこんなことを話してくれました。

「仕事から帰ってきて『ただいま〜』ってドアを開けたときって、フルマラソンを走ってゴールした感じなんですよ。ゴールでテープを切って、終わった〜って思った瞬間にインタビューされるのってしんどいじゃないですか。それと一緒で、ドアを開けた瞬間から妻に一日の出来事を話されると、『ちょ、ちょっと待って。休ませて』って言いたくなるんですよ。言えませんけど」

とてもわかりやすい例えでした。もちろん、疲れているのは妻も同じだと思いますが。

「夫はいつもソファでゴロゴロしてて、だらしないんです」。そんな妻の愚痴、相談を聞く機会も多いのですが、夫にとってそんな時間が「至福のひととき」なのでしょう。

コラム　人生の幸福はどこにあるか

心理学者アドラーは、人生の幸福に影響するものとして「仕事」「友情」「異性への愛」の3つを柱としています。

〈幸福な結婚のための資質〉

① 知的な適合性――頭のよさが同じくらいである、話が合う人。

② 身体的な魅力――顔がいい、スタイルがいい、外見が自分の好みである人。

③ 友情を作り、維持する能力がある――長く付き合い、大事にしている友達がいる。

④ 自分よりもパートナーにより大きな関心を抱いていること――配偶者に興味を持ち、時には自分よりも大事にできる人。

⑤職業をうまくやっていく能力と、職業への関心――自分の仕事にある程度の熱心さがあり、仕事を継続できる人。

⑥お互いに協力しあう姿勢がある――家族のことに協力できる人、行動で示せる人。

[秘訣]4　「出産適齢期」を知ろう

女性の社会進出が進むにつれ、日本は晩婚化が進み、平成26年度の人口動態統計によると、平均初婚年齢は29・4歳となりました。初婚年齢が高くなれば当然ながら初産年齢も高くなり、同年の平均初産年齢は30・4歳でした。

ここで理解しておかなくてはならないことは、結婚に適齢期はありませんが、妊娠、出産には適齢期があると言わざるを得ないということです。

日本産婦人科学会では、統計・医学上40歳以上での初産は妊娠適齢期である20代と比べてリスクが高いということで、35歳以上の妊娠・出産を高齢出産と定義し、注意喚起のために母子手帳に「高」という判を押していました。しかし、1993年、これは「差別だ」という批判が起きたため、この制度は後に撤廃されたそうです。

ただ、撤廃されたからといって、リスクがなくなったわけではなく、やはりそのリスクは現実のものとして受け止めておく必要があると思います。

35歳以上の女性にこのテーマは厳しいかもしれませんが、知っているのと知らないのとでは、このあとの人生が変わってきます。だから、あえて、取り上げることにします。

まず、妊孕力《にんようりょく》について。妊孕力とは、医学的に女性の生殖能力を言います。もともと出生時から備わっている卵子（卵細胞）は200万個、20歳で10万個になり、40歳では5千個にまで減少すると言われています。

自然妊娠率を見てみましょう。30代、40代になると、やはり妊娠確率は低下しています。

■自然妊娠率

25歳：25%～30%
30歳：25%～30%
35歳：18%
40歳：5%
45歳：1%

※『卵の質向上委員会』より

私の知人は、45歳で第一子を出産しました。5年間諦めずに不妊治療を行ったことで授かった命でした。奇跡的な結果と言ったほうが現実的だと思います。自然妊娠率から見ても、40代での妊娠・出産が難しいことは否めません。

また、流産に関しても次のようなデータがあり、卵子の老化は流産率と密接な関係性があるようです。

■流産率

25歳：10％
30歳：10％
35歳：25％
40歳：40％
45歳：50％

私は23歳で婚約、24歳で結婚しました。結婚が遅いほうではなかったので、仕事や、趣味だったゴルフに没頭し、出産のことなどあまり深刻に考えていませんでした。

そして、29歳のときに妊娠しました。

「あぁ、ゴルフができなくなるなぁ」

妊娠したことは嬉しかったのですが、本音では少しだけこんな気持ちもあったのです。

その後、妊娠は流産という結果になってしまいました。稽留流産《けいりゅうりゅうざん》でした。稽留流産とは、胎児が死亡していて、子宮内にとどまっているタイプの流産。

まったく関係はないのですが、ゴルフのことを一瞬でも考えた自分がいけなかったのではないかと悔やんだりしました。そして、この流産を経験したことで、気持ちが急に焦り始めました。

「子どもが産めないかもしれない」

幸い、30歳で再び妊娠することができ、31歳で長男を産むことができました。この時の妊娠は、流産が怖くて、周囲に伝えたのが妊娠6ヶ月になった安定期頃でした。

「こんな不安を抱えるくらいだったらもっと早く産んでおけばよかった」と心から思いました。

現在、日本の夫婦の数は約3千万組。DINKS（共働きで子どもを意識的に作らない、持たない夫婦）家庭ももちろんあると思いますが、不妊で悩むご夫婦も多くいます。

不妊についてもこのようなデータがあります。

■不妊原因男女の割合

男性のみ：24％
女性のみ：41％
男女両方：24％
原因不明：11％

私のところに夫婦問題のカウンセリングに訪れるご夫婦の中にも、子どもが授からないことで親との関係がぎくしゃくしたり、夫婦問題に発展したりするケースがあります。

「子どもがいたら、夫婦仲はもっとよかったと思う」と嘆く方もおられます。

40代半ばのクライアントさんが言っていた言葉は今も忘れることはできません。

「不妊治療って年を重ねる毎に確率が下がっていることはよくわかっています。ただ、止めるタイミングがわからないんです。『確率0％です』って言われると諦めがつくのですが、僅かでも可能性があるのなら次こそは。そう思うんですよね」

「もう止めたら？」なんて誰も言えません。言う権利もないのです。

読みながら辛い気持ちになった方もおられることと思います。

結婚すれば、自然に子どもが授かるだろう。そう思っていても、そうならない現実もあるということです。子どもを授かりたい方にとっては、厳しい現実だと思いますが、一度きりの人生です。大切なことは、現実を受け止めてその後の人生をいかに幸せに生きていくか。

このことに尽きます。

授かっても、授からなくても人生なのです。

最近、二人の女優のことが話題になりました。小泉今日子さんと山口智子さんです。同年代のお二人。どちらも子どもを持たない人生。女性だから必ず子どもを産むべきという考えは時代錯誤なのでしょう。

■小泉今日子書評集　伊吹有喜さん作『四十九日のレシピ』書評から
『四十歳を過ぎた私の人生の中で、やり残したことがあるとしたら自分の子供を持つことだ。時間に限りのあることだから、ある年齢を過ぎた女性なら一度は真剣に考えたことがあると思う。家族の再生を描いた心優しいこの物語を読んで、私はそんな思いから少しだけ解放された』

■山口智子『ＦＲａＵ』（講談社）3月号インタビュー引用記事から抜粋
『「私はずっと、子供を産んで育てる人生ではない、別の人生を望んでいました。今でも、一片の後悔もないです。人それぞれ、いろんな選択を持っていいはず」「私は特殊な育ち方をしているので、血の繋がりを全く信用していない」「私はずっと〝親〟というものになりたくないと思って育ちました」』

コラム

やれるだけのことをやりました（スクール卒業生Cさん）

私のスクール卒業生のCさん、彼女は、婚活中、まだお付き合いする人も決まっていない頃から、「妊娠」について様々な情報を得ていました。

「お付き合いする人は、ご縁があるまで焦っても仕方ないけれど、その間も年を重ねているわけだから、私が今できることをやろう」

そう思ったそうです。「妊娠しやすい身体づくり」として、身体を冷やさないような食材を摂ったり、体調を整えるサプリを飲んだりしたそうです。

そして、お付き合いするお相手も見つかり、とんとん拍子で結婚まで進みました。

その間も自分の「身体づくり」は継続していたのですが、結婚が決まった時にCさんが取った行動とは、ナント彼にも「妊娠しやすい身体づくり」に協力してもらったのです。きちんと話してまずは理解してもらい、彼にも食生活に気をつけてもらったそうです。考えてみたら、女性ばかりが気をつけることではないですね。

そして、努力の甲斐あって、39歳で妊娠、40歳で元気な男の子を出産しました。

「あのときこうしておけばよかった。と後悔したくなかったので、やれることはすべてやろうと思って頑張りました」

そう語るCさんの表情は、とてもしあわせそうでした。

コラム

二人の人生もなかなかですよ（スクール卒業生Kさん）

夫と二人で暮らす、スクール卒業生、Kさんのお話です。

「34歳で夫と職場で出会い、35歳の晩婚。45歳の現在は、夫と二人暮らし、子どもはいません。結婚後も仕事を続けました。一年後に自然妊娠して8週目で流産。当時、仕事が面白くて、仕事を辞めて妊活をする選択肢はありませんでした。

周りの先輩ママさんを見て私も産休育休を取って、頑張るぞ！　と意気込んで、そして、すぐに妊娠すると軽く考えていました。その後、職場の上司の理解もあり、働きながら不妊治療をしましたが、子どもは授かりませんでした。

当時の私は、周囲から、すぐに子どもができるよと励まされて、35歳でも健康であれば子どもができると過信していました。30代になると女性の生殖能力は、年齢が上がるほどに落ちる事実をどこか他人事のように思っていました。過去に戻れるなら、高校の保健体育の授業でこの事実を教えてほしかったです。

それから41歳の時の不妊治療を最後に、人生を再設計しました。現在、私は長年勤めた会社を退職して、これからのことをワクワクしながら、あれこれと考えています。私が自分の夢にチャレンジできるのも、家事に協力的な夫のおかげです。夫と二人で夫婦漫才のようにお互いを刺激し合う毎日。それも、なかなかいいものですよ」

子どもを産み育てるだけが結婚ではありません。

「しあわせな結婚生活」には、色々なかたちがあるのです。

［秘訣］5　「自分」を知ろう

あなたは、自分の強み、弱み、長所、短所を知っていますか？

よく、婚活セミナーで「自己分析シート」を書いてもらいます。長所・短所を書いてもらうシートです。すると、まったくペンが進まない方が多くいます。「どんなことでもいいですから思いつくまま何個でもいいので、どんどん書いてくださいね」と言っても書けません。私の結婚相談所でも同じです。登録シートに長所・短所欄があるのですが、空欄で提出してくる方が少なくない。自分で、自分のことがわかっていないのです。

婚活は、まず、自分自身がどんな人かを知ることです。自分で自分のことがわからないのに、他人に自分をわかってもらえるはずはありません。

さらに、自分のことを知ることで、周りから見られている自分とのギャップも知ることができます。

つまり、「見せたい自分」－「周りに認識されている自分」＝「ギャップ」です。

婚活していく上でも、他人と付き合っていく上でも「見られたい自分」を周りの人からも見てほしいはずです。自らが目指す自分、選ばれる自分になるためには、このギャップをなくすことが必要です。ただ、ビジネス的なブランディングのために、ギャップをあえて作っている人もいます。

ここで大事なことは、「周りに認識されている自分」とはどんな自分か。これを知る機会って中々ありません。また、同性からと異性からとでも見られ方は違います。だから、信頼のおける同性、異性の友人、知人に正直な意見を言ってもらいましょう。そんなことを頼まれても、すごく言いづらいはずです。そこを「私のために本当に思っていることを教えてください」と言って頼むしかありません。もちろん、教えてもらったことに対して「本当はこんなこと思っているんだ」などと不満を抱いたりしてはいけません。言いづらいことを言ってくれる人には感謝すべきです。

こうやってギャップを知り、ギャップをなくすことです。

ただ、「弱みをなくしなさい」といっているのではありません。自分の弱み（短所）だって、考え方によっては長所になったり、チャームポイントになったりもします。

知人が結婚した際、決め手となったことについて「私のできない部分をいつも彼が補ってくれるので、この人となら上手くやれると思ったの」と言っていました。

　また、アドバイザーとして参加していたある婚活イベントでは、ペアになってリンゴの皮むきをし、皮の長さを競うものがありました。そのイベントの最後、告白タイムで、一人の男性が、皮むきが一番苦手だった女性にこんな告白をしました。

「あなたのリンゴの皮むきが苦手なところも含めて愛おしいと感じました。僕は料理が得意です。よろしくお願いします」

　その場にいた主催者、参加者からどよめきが起きました。彼の優しさと包容力に会場にいた全員が感動したのです。もちろんカップル成立しました。

　リンゴの皮むきは苦手でも、一所懸命な姿勢で取り組んでいたこと、イベント中終始笑顔だったことが彼の心を動かしたのだと思います。

　一番大事なことは、自分できちんと認識しておくことです。認識できていれば、自分に足りないところは、相手に補ってもらうことだってできます。

　婚活の場では、自分の長所ばかりアピールしてしまいがちですが、「等身大の自分」を見せることも悪くありません。自分の短所を伝えることができれば、自分自身もとても楽になれます。

　また、自分自身の「結婚観」を知る必要があります。「自分がどんな人と出会いたいか」、そして「どんな結婚生活を送りたいのか」を紙に書き出してみましょう。

　婚活の場に出ても、自分がどんな人を求めているかがわかっていなければ、何人の方に会ってもしっくりきません。具体的なことが、しっかりイメージできていると、迷いが生じたときにぶれずに判断ができます。

　自分の結婚観を知るって大事なことです。

　それがしっかりわかっていないなかで、婚活の場に行っているとすれば、あなたは、時間とお金とエネルギーを無駄遣いしています。

「ただ何となく」「こんな感じ」では、厳しい婚活市場で勝ち組みになることはできません。自己分析をすることによって、自分自身を知る。結婚観を知ることで、自分の求めている結婚を知ることができます。

　このように、幸せな結婚をするため必要なことは、まずは自分を知ることなのです。

　そして、「見せたい自分作り」に努めてください。それができれば自分に自信が持てるはずです。自信が持てると、婚活の場が楽しめます。

[秘訣] 6 「何のための結婚か」を知ろう

女性の社会進出が進み、自立した女性が増えました。

同時に、非婚化、晩婚化が進んでいるのは否めない事実です。

平成22年度全国20政令都市（当時）の中で未婚率の調査を行った結果、福岡市の20代後半、30代前半の女性の未婚率は最高でした。つまり、1位。

福岡の女性が未婚率1位の理由について、あるスポーツ紙の取材を受けたことがあります。そのときは、①男女の絶対数が女性の方が多い、②大手企業の支店があり、相手への収入など、条件が大手企業並みに厳しい女性が多い、③周りの女性も結婚していないし、福岡市の中心地、天神には、食べるところ、遊ぶところ、何でも揃っているので寂しくない、このような要因があるのではないかと答えました。

こういう時代ですから、結婚だけがすべてではありません。

自分の人生です。結婚しない自由も権利もあります。他の人にとやかく言われることではありません。

ただ、避けたいのは、「結婚したかったのにできなかった」「若いときは、結婚するつもりはなかったけど、今となったらしておけばよかった」という状況です。「結婚して幸せになりたい」「幸せな人生のためには結婚が必要」と思っているのであれば、絶対に、結婚すべきです。

他人から何を言われても、結婚するかしないか、できるかできないかは、あなた次第です。

男女の数は違っていても、一人の男性と結婚すればいいのだから、絶対数なんて関係ありません。結婚できている人は、結婚できているのです。要は、あなた自身が本気で「結婚したい」と思っているか、本気で行動しているかどうかです。

今は周りに一緒に食事をしてくれたり、交流を共にしてくれる友人や知人がいるかもしれません。しかし、周りの人も結婚していくでしょうし、子育てで忙しくなると、そうそう付き合ってはくれなくなるでしょう。

40代までは、仕事もバリバリこなせて充実した日々を送れるでしょうが、50代になると厳しい局面に立たされる人も増えてきます。

正社員だからと安心できる時代ではなくなりました。契約社員や派遣社員だと、いつまでその会社にいられるか、さらに不安に感じることでしょう。

経済的なことに留まらず、健康に不安が出てくるのもこの年代からが多いのです。

「自立の三原則」は「経済的自立」、「精神的自立」、「健康の自立」です。

どれか一つが欠けても、人生が立ち行かなくなってしまいます。

また、この頃から親の介護が始まる人も増えます。気がつけば「老老介護」の現実と向き合うことになるかもしれません。

そう考えると、やはり、お互いを支え合えるパートナーって必要ではないでしょうか。


何のために結婚したいのですか？

なぜ結婚したいのですか？

誰のために結婚したいのですか？

結婚願望を明確にしましょう。

もし、「親を喜ばせたいから」「親からうるさく言われるから」「世間体のために」などの理由のみで結婚しようと思っているのであれば、もう一度考え直したほうがいいと思います。

結婚は「自己責任」です。「誰かのため」に結婚してしまうと、大きな壁にぶち当たったときに「誰か」のせいにしてしまい、乗り越えることができず容易に離婚してしまいます。自分のために一度は覚悟を決めるべきです。結婚には決断する勇気も必要ですが、それ以上に覚悟が必要だと私は思っています。

私は、現在結婚25年目。この間、どれだけの壁にぶち当たってきたか、その数は数えきれないほどです。波乱万丈という言葉は私のためにあるようにさえ思えます。

それでも今があるのは「自己責任」という自覚と自分が決断した覚悟です。「自分自身の結婚」なんだということを明確にしておけば、婚活に戸惑いを感じることがあってもブレない自分でいられます。

自分のために結婚しましょう。

コラム

最低な結婚

①「経済的な安定」のための結婚
②「相手へのあわれみ」からする結婚
③「召使い」を手に入れるための結婚
④ある困難な状況から自分を助け出すための結婚

心理学者アドラーは、このような結婚は幸福をもたらさないのでやめておけと言っています。自分本位な結婚では幸福にはなれないということです。何をもって「幸福」と感じるかは人それぞれですが、やはり「あなたを幸せにしたい」そう思える結婚でありたいですね。

[秘訣]7 「どこで躓《つまず》いているのか」を知ろう

「私、婚活の場に頑張って参加していますし、結構カップルになるのですが、なぜか続きません」

たまに、こんな相談を受けます。

確かに婚活の場、出会いの場に行かなければ、カップルにさえなれないわけですから、この女性の行動力は素晴らしいと思います。ですが、ただただ行けばいいというものではありません。

婚活にも仕事と同じように毎回、振り返りが必要です。仕事の場合、常に目標設定をし、「PDCAサイクルを回す」ということを行いながら、目標達成に近づけていきます。

PDCAサイクルとは、事業や業務を円滑に進める手法の一つです。Plan（計画）→Do（実行）→Check（評価）→Act（改善）の4段階を繰り返すことによって、業務を継続的に改善します。

婚活をこのＰＤＣＡサイクルに当てはめた場合、どんな場所、どんなイベントに参加するかを計画し、参加し、結果を評価し振り返り、次回に向け改善する、となります。相談してきた女性は、計画と実行を行ったりきたり。評価、改善のプロセスが欠落しているのです。だから何度参加してもうまくいかないし、続きません。

評価、振り返りを行うことで、自分がいったいどこで躓いているのかを知ることができます。

もう一つ、自分でやれる評価、振り返りの方法として「セルフコーチング」があります。自分自身に様々な質問を投げかけて、それに自分自身で答えていくのです。紙に書き出していくと、「今の自分」が見えてきます。見えることで自ずと改善点に気づくことができます。ＰＤＣＡもセルフコーチングも「自ら気づく」ことができるところが利点です。では、婚活における躓きを４つのステップに分類してみましょう。

①そもそもカップルになれない
②カップルにはなるが、連絡が続かない
③連絡のやりとりはあるが、お付き合いが始まらない

④お付合いは始まるけれど、続かない

この4つのどれに該当しているのかを知ることにより、改善策を講じることができます。

①「そもそもカップルになれない」

・選ばれない

この場合、第一印象の大改造が必要です。

今の自分の力だけでは、大改造は難しいです。後に述べますが、その道のプロの力を借りましょう。まずはカウンセリングを受けることをお勧めします。カウンセラーからどのプロに依頼すればよいかのアドバイスをもらうことが大改造の早道です。

・選べない

見た目重視など相手に対して見る目が厳しすぎて、相手を選べない場合も、カウンセリングを受けたり、自己分析しながら改善を図る必要があります。

②「カップルにはなるが、連絡が続かない」

この場合、連絡の取り方、メール（LINE）の仕方に問題があるかもしれません。カップルになった男性から連絡してくるのが当然だと決め込んで、待ちの姿勢ではありませんか？　今の時代、男性だって女性からの告白を待っているのです。お互い待ちだとまったく進展せずに消滅してしまいます。何のために婚活の場へ行き、カップルになったのか、わかりませんね。せっかくカップルになったのですから、まずは「今日はありがとうございました。おかげで楽しい時間を過ごすことができました。またお会いできれば嬉しいです」程度のメールは送れるはずです。また、相手から連絡が来た場合に返信が遅い人もNGです。すぐに返信したら、ガツガツしているように思われる。なんて様子見していたら、その姿勢は相手にも伝わります。連絡を続けたいと思う方には、返信は早く素直に喜びを伝えましょう。レスポンスのタイミングを逃さないことが大切です。

それから心得ておいてほしいこととして、メール、LINEは時と場合によっては意図せぬ解釈をされ、誤解を生む可能性があるということです。表情も見えず声も聴けないので、どうしても送り手の文章力、受け手の読解力に頼らざるを得ないのです。メール、LINEは、簡単で便利なツールのようですが、関係性を悪くしてしまう危険性をはらんでいます。

③「連絡のやりとりはあるが、お付き合いが始まらない」

この場合、お付合いしたいと思わせる決め手に欠けている可能性があります。当たり障りないメールのやり取りに終始し、お互い気持ちの探り合い、駆け引きをしているとお付き合いに至らないまま終わってしまうということはよくあります。気持ちの出し惜しみをして、得することはありません。相手からの告白を待ち続けているだけでは前進しません。婚活なのですから、いつまでもお付き合いが始まらないのでしたら、縁がなかったと思い、次へ進むべきです。

「断られるのが嫌だから」

誰もがそう思います。しかし、時間は止まってはくれないのです。

④「お付き合いは始まるけれど、続かない」

この場合、あなたを結婚相手にしたい女性として相手が躊躇する理由があるのかもしれません。あなたに譲れない結婚の条件があるのと同じで、お相手にも譲れない条件があるはずです。その条件をクリアできていない可能性があります。ここで躓くのは、それまで築いてきた道のりもありますし、もったいないことです。相手が求めている条件を把握する努力が必要です。そして相手が求めていることを受け入れられるかどうかを、自分に問いかけてみてください。

こうやって、分析ができると自分がやるべきことが見えてきます。次の婚活の場に行く際に「ここを頑張ろう」と決めて参加するのと、今までとなんら変わらずにただ参加するのとではまったく違う結果になるはずです。やみくもに出掛けても、よい結果が出ないことを考えると、どこで躓いているかを知ることは、成功の最大の近道となるのです。

ここで大切なことは、分析して「もう無理」とあきらめないことです。「躓く→落ち込む→やめる」という負のスパイラルにはまらないように気をつけましょう。ここを超えられれば、結婚は確実に近づきます。

[秘訣] 8 「婚活スタイル」を知ろう

婚活の相談を受けていて、「私は大勢の方たちとのパーティーは苦手です」とか「バスツアーが苦手です」とか「1対1の堅苦しいお見合いは苦手です」という話をされることが多々あります。皆さん、性格も行動力も違いますから、それぞれ得意、苦手と感じることはあるのでしょう。

確かに、どんな婚活が自分に向いているのかを知ることって大切だと思います。なぜなら、苦手意識のあるまま活動しても、テンションが上がりませんし、きっと成果も出ないと思うのです。時間には限りがあります。だったら、活動しやすい場に身を置いて最大限に力を発揮し、積極的に活動していくことのほうがよいと思うからです。では、婚活スタイルってどのようなものがあるのでしょう。

①婚活パーティー・イベント

もっともスタンダードな形です。行政・商工会・団体などの主催もあれば、民間企業主催もあります。パーティーの場合、多くは短い自己紹介タイムがあり、参加男性全員と一度は話す機会が与えられますが、フリータイムでは行動力、会話力（質問力）が求められますので、苦手としている人も多いようです。

一方で、イベント的なバスツアーやバーベキューなどのアウトドア的なものは、人気も高く、私の経験ではカップル成立する確率が高いと思います。型にはまったパーティー形式ではないので、自然に会話できることが魅力なのかもしれません。

②婚活サイト

インターネット上で登録するため、気軽に登録できます。費用も安いのが売りです。ただ、登録の審査基準が比較的厳しくないので、トラブル、事件になるケースも多いようです。日頃活動時間がないという人には便利ですし、反響を自分自身で感じられるため、客観的に自分の評価を知ることができます。私の知人数人は上手に活用し、結婚に至って幸せになっています。

③結婚情報サービス

インターネットで多くの会員を保有している会社へ登録するシステムです。入会金が高額な会社も多くあり、その価格は10万以上40万円位なところもあるようです。条件重視で多くの人の中から選びたいと思う方に向いています。会員数が数万人規模の会社が多いことも特徴です。ただ、選び過ぎて、決められないという人も多いようです。

④結婚相談所・仲人

昔からある、世話好きのおばちゃんがいるようなイメージです。規模・価格帯は様々。一人で運営しているような小さなところもあれば、会社組織で大きな規模で運営しているところもあります。小規模な相談所は、会員一人ひとりのことをよくわかっているところが多いようです。婚活の悩みなどの相談に乗ってくれたり、細かなアドバイスをしてくれるアドバイザーやカウンセラーがいます。ある一定期間交際が続けば報酬を支払い退会するというスタイルが多いです。仕事が忙しくて自ら情報収集できない人や活動が苦手な人、職場での出会いに期待をできない人、自らなかなか決断できない人。条件重視の人に向いています。

⑤合コン・紹介

「婚活」という名の付く場所に出ていきたくない、自然な出会いを求めたいと思う人、まだ結婚まで意識をしていない人も集うコンパが主流。合コンとは少し異なりますが、「街コン」という地域を巻き込んだ大がかりな集いの場もあります。

また、友人・知人を通じて数人で会食しながら、「紹介」してもらうケースもよくあります。友人・知人の紹介だから安心できると思う人が多いようです。

⑥趣味・サークル活動

これは、結婚に直結しているとは言いがたいですが、出会いという意味では、外せないと思います。女性ばかりのサークルではあまり意味はありません。男性が多いサークルなどは、ターゲットがそれだけ多くなりますので、出会いの確率も高くなります。

さらに同じ趣味だったら、共通の価値観も見いだせます。ただ、結婚への意識があるかどうかもわからない人から探し出すのは、それなりに時間がかかります。

⑦自力（紹介）

これこそスタイルではありません。

努力の形が、職場での出会いを探したり、同窓会に出かけたりすることも活動の一つです。結婚相手が同じ職場の人、同じ学校の同窓生という人は、今も昔も多いです。ただ、自力では難しいから婚活しているのだと思いますので、このような出会いも紹介をお願いすることと同時進行がよいでしょう。紹介してもらうためには、「紹介したい」と思ってもらえる人でなくてはなりません。

私の友人は同僚の人から紹介された方と結婚しました。お相手は同僚の人が通っていた理髪店のお客様でした。「お客様（お相手）→理髪店オーナー→同僚→友人」という繋がりです。信頼関係が成り立っていたからこそ、このような繋がりでの紹介があったのです。

第2章

素敵な女性は内面からにじみ出る

［秘訣］9　素直になろう

婚活で成功した人に共通している性格は、ずばり「素直」。

素直であるって、「自分の気持ちを大切にしながら、自分の心と向き合い正直であること。周りの方に敬意を表し、助言を聴く」ことです。

頭では、誰もが皆、素直でいることの重要性を理解しているはず。しかし、私が客観的に見ると、「あぁ、この女性は素直だなぁ」と感じる人と、「素直じゃないなぁ」と感じる人に分かれます。

素直じゃない人、それは「頑固な人」です。

頑固とは、頑《かたく》なで、自分の態度や考えを改めようとしないことです。

例えば、①自らアドバイスを求めながら、アドバイスされたことをストレートに受け止めない、②アドバイス通りに実行しない、③実行する前からできない言い訳ばかりしている、など。

ある婚活パーティーでこんな女性に出会いました。「結婚したいのであればフェイスブックはしたほうがいいですよ。出会いもあるし、交流ができるし、なによりその人の人となりがわかります」とアドバイスしていたら、「フェイスブックは怖いから絶対にしません！」と言うのです。この女性だけではありません。「個人情報が洩れてしまうかも」、確かにそんな気持ちになることも理解できます。会社で禁止されている人もいるでしょう。

が、こういう女性ってLINEはしていることが多いです。フェイスブックよりも気軽に使えるのかもしれません。ただSNSには変わりないですし、最近では、LINEののっとりや流出が芸能界で物議をかもしたことも記憶に新しいところです。個人情報を死守しようと思えば、フェイスブックもLINEもしないほうが賢明です。

いずれにせよ頑なに拒む閉鎖的態度に「本当に結婚したいの？」と思いました。結婚したいのであれば、フェイスブックは無料のツールですし、個人ベースで公開範囲を記事ごとに決められます。もっと言うなら、記事は書かなくてもいいですし、プロフィールも公開しなくてもよいのです。勇気を出して始めてみればいいのにと思うのです。

だけど、「フェイスブックは怖い」という考えに頑なに捉われているのです。頑固だと周りから面倒な人だと思われます。

頑固な人の中には、自分で頑固だってわかっている人もいます。そういう人は、必ずと言っていいほど、こう思っています。

「私は私。こんな私を受け止めてくれる男性がきっといるはず」

そんな男性に、これまで出会わなかったのだとしたら、これからも出会える可能性は低いと言わざるを得ません。

ですから、自ら頑固だとわかっていながら、直そうとしていないのだとしたら、厳しいようですが、婚活での成功はありません。

頑固な性格で得することなどありません。仕事でも、恋愛でも、結婚生活においてもです。頑固が許されるのは職人さんくらいですが、職人さんだってその技術を身につけるには、親方や師匠の言うことに従う素直さが必要なのです。

素直さは、人が成長していくための欠かせない条件です。素直な女性って、男性からのみならず、誰からも好かれます。

ただ、素直になれたかどうかなんて、自分では測ることができません。あなたに指摘してくれる人がいるならば、その人はあなたのことを真剣に考えてくれている優しい人です。あなたのことがどうでもよければ、恨まれるリスクを背負ってまで指摘したりせずに、自然にあなたから去っていくはずです。素直さって相手が感じ取るものですから、個人差もあるし進捗状況もわからない。それでも努力は必ず報われます。続けることであなたに対する周囲の態度が変わってきます。

「私、頑固かも」そう思う人は今から素直になる努力をしてください。

コラム　素直になるための5つのポイント

素直になるために、まずは、この5つをやってみてください。

①「素直になりたい」と常に思うこと

「願えば叶う」という言葉がありますね。まずはここからなのです。

②その日の行動・言動を振り返り、反省すること

その日の出来事、その日会った人とのコミュニケーションを振り返ることで、何らかの気づきがあるはずです。例えば、「職場の同僚と衝突してしまった、何がまずかったのだろう」といったことです。気づくことが前進の一歩なのです。

③人が言うことをまずは受け容れること

素直＝他人の言葉を逆らわずに受け容れる様子です。とにかくいろいろ考えずに受け容れてみましょう。

④アドバイス通りに行動してみること

アドバイスしてくれる人って、あなたのことを気にかけてくれているということです。信頼してアドバイス通りに行動してみるって、いままで自分がやってこなかったことを行動に移すということですから、容易なことではありません。ですが、絶対に無駄にはなりません。

⑤小さな出来事にも感動する習慣を心がけること

素直な人って穏やかな心の持ち主が多いですね。穏やかな心を養うために感動の貯金をしましょう。映画をみて感動したり、夕陽をみて感動したり、人の親切に感動することも大事です。小さな出来事に感動する習慣を心がけましょう。

［秘訣］10　感動体質になろう

あなたが最近感動したのはいつですか？

またそれはどんなシーンでしたか？

人は生きていく中で様々なシーンに遭遇します。その様々なシーンの中でどれだけ感動できるか、それはその人の心のあり方次第です。

大人になると、「感情を表に出すことが恥ずかしい」「クールでいることがかっこいい」という意識が芽生えますが、私からすればそれは大間違い。

例えば、同じ夕陽を見て、「うわぁ〜きれい」と感動している女性と、無感動の女性、男性から見てどちらが素敵だと思うでしょうか。道端に咲く小さな花に気がつき「あ、こんなところにこんなかわいい花が咲いてる。ねぇ、見て見て」と感動している女性と、その花にも気がつかない女性、男性から見てどちらが愛おしいと思うでしょうか。

感動できる心を持つ女性は、男性から見ても魅力的なはずです。

子どもの頃は、意識しなくても毎日が感動の連続でした。例えば、初めて逆上がりができた、自転車の補助輪を外すことができた、クロールで25m泳げた、習字で金賞をもらった等々。言い出せばきりがありません。子どもは、ちょっとした体験でも感動できます。「できる＝感動」なのです。言わば、子どもは皆「感動体質」なのです。

それが、大人になるにつれ、ちょっとしたことでは感動できなくなってしまいます。そう感じている人は多いでしょう。

では、どうしてちょっとしたことでは感動できなくなるのでしょう？

それは「人生初」が少なくなっていくからです。子どもの頃は何でも人生初。だから、何にでも感動できます。しかし、歳をとり、経験を重ねるにつれ、「人生初」が少なくなり、感動できるシーンが少なくなるのです。

しかし、その日の夕陽は人生初のはずです。小さな花を見つけたら、その花の名前を調べて覚えれば、それが人生初になります。

感動体質になるためには、意識的に、「人生初」を創り出せばいいのです。

そこで思うのが、感動とは成功体験からしか得られないのだろうかということです。人生は、成功体験ばかりではありません。失敗や辛い経験もあります。失敗や辛い経験に感動できるというのは感情的に難しいことです。でも、逆上がりにしても、自転車の補助輪を外すにしても、たくさん失敗したから、それができるようになったのです。ですから、失敗は成功のための布石であり、感動の礎です。失敗したくないと思い、行動を起こさなければ、成功も感動も生み出せません。今の時代、婚活も同じです。

ちょっとしたシーン、どうってことないシーンでも「感動できる心」はあなたを魅力的にします。ちなみに、私はオフィスから眺める見慣れた景色にも毎日感動しています。見慣れたと言いましたが、空は毎日違った表情を見せてくれますので、とても新鮮です。落ち着きますし、心が喜び癒されます。毎日この景色を見ることができているることにしあわせを感じるのです。小さな感動の積み重ねは、大きなしあわせに通じます。

さらに、感動できるあなたは、あなたの周りにいる、あなたの大切な人を感動させることができます。パートナーの小さな気遣いにも気づける女性、感動できる女性になりましょう。

そのためには、まずあなたの心に感動の種をたくさん撒きましょう。

日々何度も感動する努力をしましょう。感動できる心を育てましょう。

感動の種をまくというのは、いろんなコト、モノ、ヒトに対して意識を高めて接すること。感動する努力とは、目にするもの、触れるもの、感じるもの一つひとつを雑にせず、意味があることだと考える習慣を身につけること。それができれば、あなたは変われますし、パートナーのちょっとした気遣いにもきちんと気づくことができ、その気遣いにしあわせを感じ、感動することができるでしょう。

「素晴らしいものに素晴らしいと感動できただけで既に一歩前進」

孫正義さんの言葉、まさに感動ですね。

「感動体質」は、あなたを魅力的にします。

［秘訣］11 謙虚になろう

皆さんの座右の銘は何でしょうか？

「座右の銘」とは常に自分の心に留めておいて、戒めや励ましとする言葉です。

私の座右の銘は、「謙虚・誠実・勤勉」。毎年、手帳に一番に書き留めます。簡単な言葉ですから、書かなくても当然覚えているのですが、書き留めることによって戒めにしているのです。私の人生において欠かせない言葉です。

まず初めに「謙虚さ」。謙虚とは、「へりくだってつつましやかなこと」です。古臭いとか、今の時代に合わないなんて思う人もいるかもしれませんが、謙虚さを身につけている女性って、誰からも好かれるのです。なぜなら、謙虚な人って「自分が絶対に正しいという主張をしない」ですし、人の話を「素直に聞く姿勢」を持っています。

謙虚の対義語は、傲慢、横柄、高慢。傲慢（おごり高ぶって他人を見下すこと）で、横柄（ひどく威張っている、人を無視した態度を取る人）で、高慢（うぬぼれが強くて高ぶっていること）な女性になんて誰も近寄りたくないですよね。謙虚さは、モテる要素として大きな割合を占めるのです。

謙虚は「言いたいことも主張できない弱々しさ」とは違います。「教えてくださり、ありがとうございます」というように、相手への感謝の気持ちを常に忘れないのが、謙虚な女性なのです。

次に「誠実さ」。誠実とは、「偽りがなくまじめなこと。真心をもって人や物事に接すること」です。私はカウンセラーであり、コーチでもありますから、「誠実でありたい」とどんなときも心がけています。人の心をつかむためにはとにかく思いやりをもって接し、誠実であることが求められます。

マザーテレサは、このように言っています。

「身近な小さなことに誠実になり、親切になりなさい。その中にこそ私たちの力が発揮されるのですから」

こんなことも言っています。

「あなたの正直さと誠実さとが、あなたを傷つけるでしょう。気にすることなく、正直で誠実であり続けなさい」

誠実に生きる、小さな親切を重ねることによりきっと誰かの役に立てます。

けれど、それがときには心無い人の行動・言動により理解されず、認められず、理不尽さを味わうこともあるのです。それでも、自分を信じて進むことで必ず人の役に立てます。誠実であることは、生きていく上で何よりも大切なのです。

最後に「勤勉」。勤勉とは「勉強に一所懸命励むこと」です。読んで字のごとくですが、私は、学生時代の勉強と社会人になってからの勉強って少し意味合いが違うと考えています。

学生の勉強は、よい高校、よい大学に入るためにテストでより高い点数を取ること、資格を取ることに重きが置かれています。一方、社会人の勉強って、勉強したこと、資格を取ったことが、どれだけ社会に役立てられているか、また、それが自分の人生にどう活きてくるかに重きが置かれています。

要は、「自分のため」の勉強から「誰かのため」の勉強に変わってくるわけです。この姿勢こそが、自分の成長に欠かせないことなのです。

社会人になってからの勉強には終わりがないのです。先日、介護職員の研修で全国を駆け回っておられる先生から頂いたメールに「現在82歳の先生の講座を受講しています」とありました。スペシャリストな先生がまだ誰かに何かを学ぶ必要があるのだろうかと驚きました。魅力的な人であるためには「謙虚」「誠実」「勤勉」であるということは、とても大事なことなのです。

話を戻しますが、謙虚さが身に付けば、相手に尊敬の念が伝わります。私は謙虚で接することこそが、相手との関係性において、イニシアティブを取れると思っています。

コラム

謙虚な人の共通点

謙虚な人の7つの共通点。いくつあてはまりますか？

①地位が高くても傲慢にならない
②素直に受け容れる姿勢をもっている
③常に努力を惜しまない
④人の悪口を人前では絶対に言わない
⑤周りに対して気配り・目配りができる
⑥低姿勢
⑦相手が言うことを真っ向から否定しない

謙虚でいるために特別なことをする必要はありません。

しかし、習慣がないとできないのが謙虚な姿勢です。

[秘訣] 12 相手を喜ばせよう

あなたが、「結婚して、パートナーに幸せにしてもらおう」と考えているならば、結婚は近づいてこないと思ってください。厳しいようですが。

「パートナーのために何かをしたい」

「パートナーが喜ぶことって何だろう?」

結婚に至るには、「幸せにしてもらおう」ではなく「幸せにしたい」、この気持ちが必要なのです。この気持ちがあれば、パートナーが喜ぶ姿、幸せそうにしている姿をみることで、あなた自身が幸せを感じることができるようになります。

パートナーに贈り物をするとか、何かサプライズをしてあげるときって、「相手を喜ばせてあげたい!」という気持ちが必ずあります。あるからこそできることですね。

同時に、「相手の喜ぶ顔が見たい!」という自分自身の充足感を得たいという気持ちもあるのです。

私にも経験があります。

バレンタインデーに贈り物をするため、高価な物ではないけれど、希少価値があってなかなか手に入らない物を贈りたいと探し始めました。

インターネットでお店を探して、電話をかけてみましたが、どこにも在庫がなく、気づけば3時間が経過していました。3時間って大したことないと思われるかもしれませんが、3時間電話をかけ続けるってかなりつらいことです。

「あと3軒電話して見つからなかったら、もう別の物にしよう」

そう思って電話した1軒目。ラッキーなことに探していた物が見つかったのです。すごく嬉しかったんです。相手が喜ぶ顔が目に浮かびましたし、たった3、4時間電話しただけなのですが、頑張った自分の達成感というか、それは何とも言えないしあわせな気持ちになれました。

これってまさに相手を喜ばせたいという気持ちに始まり、自分自身がしあわせな気持ちになった典型的なケースです。このとき、「ここまで頑張ったのだから、ホワイトデーのお返しは倍返しかな」なんて考えるようだったら、その恋の先はないでしょう。

ちなみに、私が苦労して探して贈ったプレゼント、お礼は言ってもらえたのですが、私の前で包みを開けてもらえず、相手が喜ぶ顔、私が想像していたリアクションを見ることは叶いませんでした。ちょっぴり残念だったのですが、それでもやり尽した自分に満足でした。

こういう誕生日、結婚記念日、バレンタインデーなどプレゼントを渡したり、もらったりというシチュエーションについては、結婚してからも訪れます。

結婚したから、記念日は祝わないとするのであれば、お互いがきちんと合意しておく必要がありますし、一方だけの価値観で決めてしまえば、不満がたまり、夫婦問題に発展することにもなりかねません。長い結婚生活を円満に送るためには、「見返りを求めない愛」「無償の愛」を継続させることが必要なのです。

ここまで書くと相手のためにするばかりで、一方通行だと思われるかもしれませんが、結婚は「お互い様」です。パートナーも同じ気持ちでいてくれれば、パートナーはきっとあなたをしあわせにしてくれます。お互いがずっとしあわせで居続けられるのです。

美輪明宏さんの名言「人は愛した分だけ愛される」について、「不思議と愛を与え続けると、いつか必ずどこからかもっと大きな愛となって何らかの形であなたに戻って来ます」と言っておられます。まったく同感です。愛されたいと思うならば、愛することです。

「愛することは成長すること」

私はそう思っています。

相手を喜ばせることは、パートナーにとっても、自分自身にとってもハッピーなことなのです。

［秘訣］13　笑顔でいよう

あなたは自分の笑顔に自信がありますか？

屈託のない笑顔で、日々を過ごしていますか？

「この歳になっていまさら、屈託のない笑顔なんて……」と心の中で呟いていませんか？

私が、数多くの「婚活セミナー」で一貫して伝え続けてきたことの一つは「笑顔の重要性」です。

私の主宰するワイズスクールでは講座の中に「笑顔講座」を取り入れています。笑顔セラピストの先生をお呼びしての2時間みっちり講義です。それだけ重要なことだと私は思っています。

「笑うことを学ぶ？」「笑うくらい当たり前でしょ」と思われるかもしれませんが、婚活の現場では、この「当たり前」のことができていないのです。

婚活パーティーの現場を覗くと、真剣さは伝わってくるものの、「笑顔がない」「笑顔がぎこちない」男女が多くいるのです。せっかくの婚活の場も、笑顔が出せなければ、相手にいい印象は与えられません。それどころか「不機嫌そう」「怒っているの?」といった印象を与えてしまうこともあります。結果として、相手から選ばれることもありません。

もったいないと思いませんか。ちなみに「笑う」には二通りあります。1つはラフ「laugh」、もう1つはスマイル「smile」。

「laugh」は受動的、例えばお笑い番組を見て笑うといったこと。一方の「smile」は能動的、例えば赤ちゃんを見ると自然とこちらから微笑んでしまうといったこと。

婚活においては、相手に対して発信していく2つ目の「smile」が大切です。自己アピール時間が限られている婚活パーティーの場では、短時間でいかにお相手に自分を印象づけるかが勝負です。

さらに、「笑う」ということは、印象のことだけでなく、健康や美容にもいい影響を及ぼすということが言われています。

健康面では、「笑う」という行動により体内にあるリンパ球の一種であるナチュラルキラー細胞(NK細胞)が活性化すると言われています。このNK細胞はがん細胞と戦ってくれるため、免疫力が高まるのだそうです。逆に、悲しみやストレスなどマイナスの情報を受けると、ＮＫ細胞の働きは鈍くなり免疫力も下がると言われています。

美容面では、「笑う」ということでストレスホルモン（ストレスを感じたときに分泌されるホルモン）の量が、大幅に減少することが明らかになっています。ストレスが解消されると脳の働きが正常化し、女性ホルモンの分泌がスムーズになります。結果「よく笑う人は、きれいになれる」のです。

笑顔はタダ。なのに、こんなにたくさんのメリットがあります。

「笑う」習慣を身につけると、こんなに自分のためになります。さらに相手にもいい印象を与えてくれます。

「笑う」って素晴らしいでしょ。

では、素敵に笑うってどうすればいいのでしょうか。

まず、割りばしを使って笑顔のトレーニングをしましょう。作り笑顔でも、笑わないよりはいいですが、やはりぎこちない笑顔では、自分の自信のなさを露呈してしまうことになりかねません。

鏡を見ましょう。そして、唇の山のところに割りばしを横にして近づけてください。このとき口角は割りばしより下の位置にあると思います。

次に、鏡を見ながら微笑んでみる。口角はどうなっていますか？

口角と唇の山が割りばしの位置まで上がっているでしょうか。口角を上げるトレーニングをしてください。このとき、目尻はやや下げましょう。目が笑っていないとかえって不自然になります。そして、「笑顔で3秒静止！」。これを鏡を見ながら何度もやってください。意識して身近に鏡をおくように心がけてください。私のデスクには卓上三面鏡が置いてあります。お客様とお会いする前は必ず表情をチェックしています。トレーニングを重ねたら、そのうち鏡を見なくても最高の笑顔、微笑みができるようになります。最初はだれでもぎこちないものです。しかし、トレーニングすれば誰でもできます。

私が見てきた数多くの女性の中で、婚活に成功している女性はみんな笑顔がステキです。笑顔は必ず幸せを運んできます。

■笑顔の重要性（デール・カーネギー）

『元手がいらない。しかも利益が莫大。
与えても減らず、与えられたものは豊かになる。
一瞬間、見せればその記憶は永久に続くことがある。
どんな金持ちでも、これなしでは暮らせない。
どんな貧乏人も、これによって豊かになる。
家庭に幸福を、商売に善意をもたらす友情の合言葉。
悲しむものにとっては太陽、悩めるものにとっては自然の解毒剤となる。
買うことも強要することも、盗むこともできない。
無償で与えてはじめて値打ちが出る。』

この言葉を目にした瞬間、鳥肌が立ちました。
この言葉に人生そのものが盛り込まれています。

コラム　笑顔に関する研究成果

笑顔に関する研究結果を3つご紹介します。

①笑顔でいればアプローチされる

女性が男性にアイコンタクトをしたとき、その女性が実際にアプローチされたのは20%。しかし、同じ女性が、笑顔でアイコンタクトすると、実際にアプローチされたのが60%にまで上がりました。反対に、男性が女性に笑顔を見せると、その効果はあまりありませんでした。

女性の笑顔が、男性にとって、魅力を増やす一方、その反対はうまくいかないようです。男性が女性にとって魅力的に見えるためには、笑顔よりも、プライドや恥を示すほうが効果があるという検証もなされています。

笑顔のステキな男性、個人的にはいいと思うのですが、軽く感じられるのかもしれませんね。女心は複雑です。

②笑顔が返ってくる

誰かに笑顔を向けた際、どれくらいの割合の人々が笑顔で反応するでしょう。

笑顔を向けられた人のほぼ50％の人が笑顔を返しました。一方、しかめっ面を向けられた人は誰も同じ表情を返しませんでした。

笑顔になれば、周りも巻き込んで笑顔の輪が広がるということです。

③笑顔でいれば長生きできる

ある年に撮られた野球選手の写真を研究した結果、笑顔だった選手は、笑顔でなかった選手に比べ、約7年長く生きていたそうです。

日本の研究結果ではありませんが、やはり笑顔は健康にいいと言えるのでしょう。

第3章

今日から日々実践！　未来は変わる！

［秘訣］14 第一印象で決まる

婚活の場に限らず、人と出会うどんな場面でも第一印象は大切です。

第一印象はどれくらいで決まると思いますか？

「3秒」「4秒」「5秒」「7秒」と諸説ありますが、一番多く言われているのが「3秒」です。いずれにせよ、たった数秒間の間に印象が与えられてしまうのです。

人は最初の印象によって、無意識に相手との付き合い方、態度や言葉遣いを変えて人間関係を調整します。ですから、相手に与える印象が悪ければ、当然ながら相手の付き合い方、態度や言葉遣いもいいものでなくなりますし、きっとそのお付き合いは続いていかないでしょう。

第一印象は3秒で決まります。

3秒の間でできること。外見を整え、姿勢を整え、ニコッと微笑むこと。

これだけで、第一印象がよくなること間違いなしです。

では、この先もずっとその人のイメージとして定着してしまうには、人はどれくらいの時間を必要とすると思いますか？

「3分」「4分」など諸説ありますが、いずれにせよ、数分の印象で、その人のイメージが固定されてしまうのです。就職試験の採用面接などでも、わずか数分の間に「我が社に必要な人材であるかどうか」が判断されているのです。

私は、スクールの生徒さんが婚活パーティーに行く際は、「とにかく一人ひとりに精一杯頑張って自分をアピールしてくるように」と伝えています。ガツガツしてきなさいということではありません。一人ひとりと話せる最初のＰＲタイムは大体3～4分。ここを真剣に取り組み、最高のプレゼンができれば、参加者全員に良い印象を与えることができるわけです。これでカップルになれる確率が格段に上がり、フリータイムの際、相手から話しかけてもらえる可能性が高くなるのです。最高のプレゼンとは、一方的に話しかけることではありません。会話のキャッチボールをするということです。キャッチボールのためには、相手の話から、会話のキーワードを見つけることが重要です。そしてそのキーワードを元に相手に質問していくと、会話のキャッチボールが成り立ちます。

さらに、この「会話のキャッチボール」を円滑に行っていただくために「メラビアンの法則」を知っていてほしいのです。メラビアンの法則とは、アメリカの心理学者アルバート・メラビアンの研究結果から得られたものです。

すなわち、「好意や反感などの感情を伝えるコミュニケーション」という状況下において、言語情報と聴覚情報と視覚情報が矛盾した場合、相手が重視することは、

『言語情報：話の内容』7％

『聴覚情報：声のトーンや口調』38％

『視覚情報：見た目やボディランゲージ』55％

だったということ。

つまり、言葉より態度や口調が重視されるということは、「嬉しい」を伝えたい場合は、無表情で低いトーンの声で「嬉しい」と言っても伝わらないということです。心からの「嬉しい」は満面の笑顔で高いトーンの声でしっかり伝えることが大切なのです。メラビアンの法則をしっかり心得て会話をしましょう。女性は、気持ちが顔に出てしまう人が少なくありません。気をつけたいものです。

お金を払ってパーティーやイベントに臨むわけですから、やれるだけのことはやるべきです。一所懸命取り組めば、しゃべりっぱなしとなり、相当疲れます。結果が出

なければ心も折れます。それでも頑張り続けることで新たな発見や気づきが生まれます。そこがあなたの成長の瞬間なのです。第一印象は「視覚(見た目)」が重要とわかったのですから、まずは「3秒」で惹きつけ、次は「4分」で勝負に出なくてはなりません。

第一印象は外せない、いや、外してはいけないのです。

[秘訣] 15 マナーを身につけよう

私は、マナー講師の仕事もしています。

企業に呼ばれて、「ビジネスマナー研修」をします。私は、研修の最初に「マナーってなぜ必要だと思いますか?」という問いかけをすることから始めます。

マナーは、簡単に言えば「人とのコミュニケーションを円滑にするもの」なのです。相手に対する「思いやりの心」や「敬う心」など「心」を重んじるものです。

人は一人では生きていけません。家庭、学校、職場、社会など、どんな場でも人と協調して生きていかなくてはなりません。その人間関係を円滑にしてくれるツールのひとつとしてマナーがあるのです。

婚活の場だからということではなく、一人の女性として、マナーを心得ておくことはあらゆる場で、自分自身に役立つことなのです。

マナーを心得ていることで、「品格がある女性」と認められることも多々あります。

一方、どんなに美人でも、所作(身のこなし、立ち振る舞い、しぐさ、)が美しくなければ、魅力が半減するどころか、かえって印象が悪くなってしまいます。マナーができていない人は、「常識に欠ける」と評価を下げられてしまいます。ビジネスの場面では特にそうです。

たかがマナーと侮ってはいけません。されどマナーなのです。マナーを身に付けるって、難しいことではありません。「人に不快な思いをさせないこと。これが基本でありすべてです。

マナーで大切なのは「知識」「技術」「心」です。

まずは知識が必要です。次に技術。知識を学んだ上でそれを使える技術がなくては絵に描いた餅。そして最後は「心」。学んだことを心を込めて実践する。ここが一番大事なところです。

では、具体的に、「婚活マナー7局面」を見ていきましょう。

①表情

その場に応じた表情ってあります。人は言葉だけでなく、表情でも語っていると心得ましょう。「尊敬のまなざし」も伝わりますし、「つまらなさそう」も伝わります。

②挨拶

「おはようございます」「お世話になります」「ありがとうございます」

人として挨拶はマナーの基本です。気持ちよくコミュニケーションが取れます。先手必勝。誰よりも先に挨拶しましょう。

③服装・身だしなみ

高級な服装ではなく、TPOに合った服装であるか、ほつれやほころびがないかどうか、きちんとアイロンがかかっているかどうかなど、清潔感が重要視されます。

今の時代、不潔な女性に出会うことはほぼありませんが、「ほつれてるけど気づいてないいんだろうな」という場面はよくあります。出掛ける前のチェックを滞りなくやりましょう。

④食事のマナー

箸使いや、食事の一般的なマナー。和食・洋食・中華・ブッフェなど。スマートなマナーでその場を過ごすことができるかどうか。音を立てて食事をしていないか、結婚すれば、夫婦のコミュニケーション、家族のコミュニケーションとして「食事」はとても重要な時間となります。その重要な時間にストレスを感じていたら、楽しい時間が苦痛な時間でしかなくなります。会話もはずまなくなります。

⑤電話・メール・LINEなどのマナー

便利になった携帯電話やメール。最近ではLINEが主になっているようですが、いずれもかける時間帯や送る時間帯を気にかけ、22時以降は送らないなど、相手の立場に立って利用すべきです。自分のかけたいとき、送りたいときは相手に迷惑が掛かることもあると知っておくべきです。

お互いの間でルールを決めることもいいでしょう。

⑥言葉遣い

使い方によっては、暴力に匹敵するほど相手を傷つけてしまうことがあります。一度口から出た言葉は戻すことができません。感情的になっているときほど、思ってもいないような言葉が口から出てしまうことがあります。後悔してもしきれない場合も出てきます。どんな場合でも言葉遣いには最大限注意する必要があります。

⑦身のこなし・しぐさ

歩き方、姿勢、手の動き、視線など、日頃から意識しないとしなやかな身のこなしやしぐさってできないものです。手先を揃えるだけでも見た目が綺麗に見えます。グラスを手にする際、身振り手振りで話をする際、私は講演などの際、マイクを持つときにいつも手を揃えるように気を配っています。先日は、集合写真に写っている私の手の揃え方を「きれい」と言ってくれた生徒がいました。ちょっとしたことですが、その「ちょっとしたこと」から差が出てくるのです。鏡を見ながら研究してみましょう。

コラム 対応と応対

以前、ある場所に赴きある手続きをしました。受付で、わからないことを聞こうとすると、窓口の女性がとても不愛想で、不親切。「わからないのでしたら相談窓口を利用してください」と一蹴されたのです。

その受付では、『問い合わせを一切してはいけない』ということであれば、それを明示しておくべきです。結局、相談窓口で相談することになったのですが、相談員の方が受付の方とは真逆。親切丁寧でとてもいい方でした。目的は達成できたけれど、スッキリしませんでした。何に腹が立ったのか振返ってみました。

問題は受付の応対の仕方なのだと思いました。

受付窓口『対応』としては適切だったかもしれませんが、受付窓口『応対』としては適切だったとは言い難かった。

どのような場所であっても、受付の応対マナーは大切です。たった一人の残念な行動が、全体の印象になってしまいます。

［秘訣］16　相手の時間感覚を知ろう

「時間感覚」って人によって違います。一日を長いと感じる人もいれば、あっという間と感じる人もいます。どちらの感覚がいいとか悪いとかではありません。

ただ、結婚して同じ屋根の下に住むとなると、お互いの時間感覚を知ることはとても重要です。

例えば、せっかちな夫とのんびり屋の妻。結婚生活をしていく上で、いい具合に相まってお互いが心地いい時間感覚が持てるようになれば、それに越したことはありません。が、お互いこれまで生きてきた環境や習慣があるわけですから、自分の時間感覚を貫きたいと思うでしょうし、そうそう相手に合わせられないと思うでしょう。

ここで伝えたいのは「相手の時間感覚を知る」ということ。相手が考える時間感覚を知っておけば、相手の気持ちを察することができるはずです。

出掛ける際によくあることですが、夫は早くから準備ができていて待ちくたびれているけれど、妻は準備に時間が掛かって予定の時間になっても出掛けられない。夫はイライラして文句を言う。そこから喧嘩が始まるというパターン。

せっかく楽しい休日を過ごそうと思っていても朝から台無し。時間は限りあるものです。相手があることで、予定通りに事が進まないとなれば、相手の時間を奪うことにもなってしまいます。あらかじめ相手の時間感覚を知った上で行動することが、お互い楽しい時間を過ごせることに繋がります。

相手の気持ちを察することができれば、万一間に合わなかったり、遅刻したとしても自然と申し訳ないという気持ちが態度に表れてきます。

デートの際、待ち合わせの場所に彼が先に到着していて、あなたは遅れたとします。あなたはどんな行動を取りますか？

ゆったり歩いて彼の元に行くようでは申し訳ない気持ちはおそらく伝わらないでしょう。

かなり前のことですが、ある会合に向かうため、早めに家を出たのですが、方向音痴な私は場所がわからず、道に迷ってしまいました。携帯電話はありましたが、今みたいにスマートフォンで位置情報の確認なんてできませんでしたので、携帯で話しながら、道を教えてもらいながら歩いていたのです。すると、電話で道案内してくださった方が、わかりやすい所まで出て来てくださったのです。その方の姿が見えた瞬間、私は無意識に走りだしていました。申し訳ない気持ちで自然とそうなっていたのです。その方から「急がなくてよかったんだけど、走ってくる玉井さんの姿は好感持てたなぁ」と言われたのです。男性はこんなところをよく見ているんだなぁと驚きました。

会合に遅れましたし、皆さんを待たせました。さらに道に迷って心配させてしまったのです。多くの方の時間を奪ってしまったのですから本当に反省しました。

コラム ジャネーの法則

子どもの頃の1年ってとても長く、大人になってからの1年ってあっという間に感じてしまうと思いませんか？　これは、年齢を重ねるにつれ、体感時間が短くなっているのです。

どうしてこんなことが起きるのでしょうか。

「ジャネーの法則は、19世紀のフランスの哲学者・ポール・ジャネが発案し、甥の心理学者・ピエール・ジャネの著書において紹介された法則。主観的に記憶される年月の長さは年少者にはより長く、年長者にはより短く評価されるという現象を心理学的に説明した。

簡単に言えば生涯のある時期における時間の心理的長さは年齢の逆数に比例する（年齢に反比例する）。例えば、50歳の人間にとって1年の長さは人生の50分の1ほどであるが、5歳の人間にとっては5分の1に相当する。よって、50歳の人間にとっての10年間は5歳の人間にとっての1年間に当たり、5歳の人間の1日が50歳の人間の10日に当たることになる（ウィキペディアより引用）」

こう考えると、人生はどんどん駆け足で過ぎていっているのだということがわかります。

時間感覚は人それぞれと言っても、人の時間を1分1秒無駄にしてはいけないですね。

［秘訣］17　好きより似合うを選ぼう

あなたはどんな服装やメイクを心がけていますか？

その服装やメイクが自分に似合っているという自信はありますか？

婚活イベントのアドバイザーとして立ち会っていると、「派手すぎる」「雰囲気と服装が違っている」「地味過ぎる」など、いつもこんなことを感じます。オシャレってそもそもどういうことなのでしょう。

オシャレの定義は「自分に合ったコーディネートができている人」、もっとわかりやすく言うならば、「自分に似合わないコーディネートやアイテムを知っている人」です。

第一印象が「3秒」で決まると紹介しましたが、その3秒を決める要素に服装やメイクが占める割合って大きいのです。だって3秒ですから、見た目でしか判断できないですよね。

まずは服装。持っている洋服の数は人それぞれですが、洋服は、定期的に買うものです。洋服を買う理由を内的要因と外的要因に分けてみると次のようになります。

■外的要因

・着古した、傷んだので着られなくなった
・TPOに合ったものを持ち合わせていない

■内的要因

・流行に合わせて買いたいという衝動に駆られる
・年齢
・体型が変わって手持ちのものが合わなくなった

洋服って生活するうえで欠かせないもので、身体の一部と言っても過言ではありません。「好きなものを着たい」という気持ちは十分理解できます。しかし、洋服も身体の一部だと考えるならば、「好き」だけで選ぶことより、「似合う」を極めるほうが周囲からの印象はいいものになると思います。

30代後半になって、似合っていない洋服を着ていると「痛々しい」と思われます。「1歳でも若く見られたい」と思う気持ちはよくわかります。しかし、若く見える服装を心がけても、その人の醸し出す雰囲気があまりにもかけ離れていたら、それはやっぱり「痛々しい」のです。

婚活パーティーに行くとき、ドライブに行くとき、仕事に行くとき、TPOに合わせた、あなたに合った洋服・コーディネートを心がけることが大事です。

ファッションコーディネートが決まる要素を内的要因と外的要因に分けてみると次のようになります。

■外的要因

・身長
・顔つき
・体型
・肌の色

■内的要因

・着る人の性格
・着る人の話し方や立ち振る舞い
・どう見せたいか

このようなことを意識しながら洋服を選び、コーディネートしていますか？　洋服選びの際、「似合う服」を選ぶことの前に「似合わない服」を消去しながら選んでいることが多いのではないでしょうか？

では、「似合う」を知るためにはどうすればよいのでしょう。

まず間違いないのは、プロに任せることです。「デパートで店員さんに聞くと、勝手にコーディネートをされてしまう」、そう思って気が進まないという方もいるでしょう。

それでもたくさんのお客様のコーディネートを日々しているわけですから、洋服に関しては、知識が豊富です。洋服をそこで買えば、コーディネートは無料でしてくれますので、店員さんに聞かない手はありません。ただし、何度も通っているお店でない限り、外的要因に重点を置いたコーディネートになってしまうことは否めません。

ですので、初めて行くお店だったら、店員さんとうまくコミュニケーションを取ってあなたのことを知ってもらいましょう。

内的要因も取り入れたいと思えば、事前にカラー・コーディネーターやイメージ・コンサルタントなどの肩書を持つ方に、診断をお願いしておくこともいいかもしれません。コーディネート料を支払えば、顔立ち、体型、肌の色、骨格などを見ながら「似合う」を見つけてくれます。性格まで知ってもらってコーディネートしてもらおうと思えば、先ほども述べたように、あなたの内面を知ってくれるまで意志疎通を図ることが大切です。

■ファッションコーディネートで意識すべき3つのポイント

① 色使い
② サイズ感とシルエット
③ 季節にマッチした素材と色合い

「ただ何となく」「バーゲンだったから」ではなく、ここは妥協せず「似合う」を意識しましょう。

メイクも同様です。

洋服が身体の一部だったら、メイクは顔の一部。特に気をつけなくてはいけません。手抜きはダメです。

「厚化粧しなさい」と言っているのではありません。婚活パーティーだからと気合いを入れ過ぎて、アイメイク、チーク、何でもたっぷりではまるで「おてもやん」です。

つまり、「きちんとメイクを施しましょう」ということです。メイクは年齢が上がれば上がるほど、「きちんと＋ナチュラル」が基本です。あとはＴＰＯに合わせて可愛さやエレガントさ、知的さなどをプラスしていけばいいのです。

私のスクールにはメイク講座もありますが、「婚活メイク」の質問がよく出ます。やはり婚活となれば、淡いピンクを使って、優しい雰囲気を出すようにしたほうがいいと講師の先生も言われていました。眉の書き方ひとつでも印象はかなり変えられます。

メイクも不慣れであれば、プロにアドバイスしてもらうことが早道です。

毎日のことですから、面倒なんて思っていたら上達しません。長年やってきた自分流メイク。頑固な人は、何日か経てばいつもの自分流メイクに戻っていたりします。素直に受け入れることが大事ですし、日々トレーニング以外に上達の道はありません。そうそう、プロは道具にもこだわっています。プロ仕様の道具を使い方と一緒に教えてもらうとさらに上達できるはずです。

私は、夜のパーティーがあるときなどは、時間の余裕があれば、朝施し、崩れかかったメイクを一旦落としてもう一度メイクし直して出掛けます。私の中の礼儀だと思っているのです。それだけメイクは重要だということです。

もう一点、これは私のちょっとしたこだわりなのですが、アクセサリーや時計についても少し意識するといいと思います。その日の服装がゴールドが似合うか、シルバーが似合うか。私は出掛ける直前にアクセサリーと時計を手に取るのですが、服装の色味で、イエロー系の服装だったらゴールド系、ブルー系の服装だったらシルバー系と決め、アクセサリーも時計も揃えるようにしています。「何でもいいから付けておこう」では、その日のテンションが上がりません。

「好き」と「似合う」を混同してはいけません。3秒ルールを考えた場合、絶対的に「似合う」を選ぶべきなのです。

コラム

国際結婚を生んだカラーコーディネート

結婚願望がそれほどなかったスクール生。ところが、カフェで一目惚れされ、国際結婚に至りました。そのスクール生から届いた手紙を紹介します。

『ご縁もあり先生のスクールに通うことになりました。そこで、今まであまり興味がなかったメイクやカラーを学び、新鮮さを覚えました。例えば、ある程度の年になると、自分のファッションのスタイル、好きな色は、決まってしまい、流行を追わなくなります。挑戦しても、居心地が悪いというか……。

でも、新たにアドバイスを受け、自分に合う色やスタイル（口紅やスカート丈一つにとっても）を選ぶ楽しみを知りました。アドバイスを受け、素直に改善して綺麗になっていく周りの方達を見て、刺激を受けました。

自分もそうなりたいと思い努力した結果、思いもよらぬところで思いもよらぬ外国人男性と知り合うことになり、結婚に至ることができたのです』

婚活も諦めて、お一人様で生きて行く覚悟までしていた彼女。今では素敵なママになっています。37歳での結婚でした。

［秘訣］18 ヘア・スタイルを変えてみよう

髪型も相手に与える第一印象に影響を与えます。

基本、顔の造りは変えられません。しかし、髪型は自由に変えることができます。

私の話で恐縮ですが、一年ほど前、髪型を少し変えました。前髪を短く切ってみたのです。ここ10年くらいは、センター分けで、サイドと前髪の長さが変わらない状態だったのですが、思い切って前髪を作ってみたのです。

私のスタイリスト『ユウジ』は、長年私の担当をしてくれている美容師。地元テレビ局の番組でやっていた「美容師選手権」で優勝した経験もある優秀なスタイリストです。そのユウジも私の担当を始めてから一度も私の前髪を作ったことがなかったので、前髪を切りたいと言った私のひと言で少し考えていましたが、すぐに「やってみましょう」と言ってくれました。

思いを伝えて、ユウジから「似合わないですよ」と言われれば、止めるつもりでした。なぜなら、ユウジはプロだからです。でも、そのプロがOKしてくれたのです。ユウジはやや緊張気味にハサミを入れていました。切った後になって「どうなるかとドキドキしながら切りました」と苦笑いしながら本音を語っていましたが、私はプロであるユウジを信頼していましたので、何の心配もしていませんでした。

結果、イメージがずいぶん変わりました。

「髪型を変えたい！」と思った大きな動機があったわけではなく、仕事が煮詰まっていて、気分転換したかったというのが本当のところだったのですが、ユウジが「すごく雰囲気変わりましたよ」と褒めてくれたこともあり、美容院で撮ってもらった新しい髪型の写真をその日のうちにフェイスブックに投稿してみたのです。「似合ってる」「かわいい」「イメチェン大事」「若くなった」等々、皆さんの反応があまりにも凄かったので、かえって恥ずかしくなったほどです。

もちろん、お世辞も含めての褒め言葉だと自覚していますが、このとき思ったことは「たかが前髪、されど前髪」だということです。

年齢を重ねるごとに髪型を変えることには勇気を伴います。ですが勇気をもって変えてみると、周りに反応してもらえ、モチベーションが上がるのです。35歳過ぎて過度な可愛さを求めることはＮＧですが、それでも「クール」なイメージから少しだけ

「キュート」なイメージに変えてみることで、今までの自分とは違った自分を発見できたりします。逆もしかり。「キュート」から少しだけ「クール」でもいいのです。

髪の長さや色を思い切って変えるのもひとつです。カラーリングも今は、髪が痛まないようにしてくれます。「カラーは絶対にしません」という女性も少なくないですが、黒色の髪が暗い印象を与えてしまうならば、思い切って少し明るくしてみることもいいと思います。気分を変える、気分を上げるって恋愛でも仕事でも、さらには日常においても大事なことです。マンネリ化した自分に変化をもたらそうと思えば、ヘア・スタイルを変えてみることをお勧めします。ただ、これも服装・メイクと同じで「似合う」ことが大事ですから、プロであるスタイリストに相談しながら決めたほうがいいでしょう。

髪型や髪の色のことを書きましたが、実は髪のコンプレックスを持っている女性も少なくないようです。

2012年トレンド総研が行った調査によると、20代〜30代の女性対象に「髪に関する悩みはありますか?」との問いに対して94%が「ある」と答えました。

1位　乾燥・パサつき
2位　うねり
3位　髪の多さ
4位　切れ毛・枝毛
5位　ハリ・ツヤのなさ

いくらかわいい髪型に変えたとしても、傷みきった髪だと魅力も半減してしまいます。スタイリストにアドバイスしてもらうことで、解消されることは多いはず。ヘア・ケアをしっかりとして艶感あるヘア・スタイルを心がけてください。

ヘア・スタイル＝髪質×デザイン×スタイリングです。

「髪型が変われば人生が変わる」

敏腕スタイリストの言葉を信じて実践してみましょう。

コラム

「髪は女の命」は日本だけでなく、アメリカでも

日本でも知られているシャンプーブランド『パンテーン』が、男性に対する世論調査を行った結果、「女性の髪型が目に留まる」と答えた男性は74％もいました。ちなみに最初に目がいく場所としては、「髪型：44％」「服装：26％」「脚：25％」「メイク：４％」と髪型が高い比率を占めています。

「髪は女性のセックスアピールにおいて重要な要素：82％」

「大きな胸の女性より豊かな髪の女性とデートしたい：60％」

といった声もあがっていました。

シャンプーブランドが実施した調査結果ではありますが、髪が与える印象がどれだけ大きいかということがわかります。

アメリカのファッション誌『Glamour』でも「男性を魅惑するのに髪も強

力な武器になる」と紹介されたそうです。

他にも、男性からみた女性への髪の色のイメージってあるようです。

黒髪：真面目でクール、清純派な女性のイメージ。一方では暗いイメージ

茶髪：元気で明るいイメージ。一方では遊んでいる軽いイメージ

やはり、たかが髪型、されど髪型ですね。

【秘訣】19 聞き上手になろう

「コミュニケーション力に自信がありますか？」と尋ねると、日本人の大半の方は「自信がない」と答えます。

その理由として、「何を話していいかわからない」「人見知りする」「話が続かない」「面白い話ができない」「話しかけることができない」「相手に何と思われているかが気になる」「空気が読めないと思われたらイヤだ」、などが挙がります。

続いて「こんな人とは話したくない、と思う人はどんな人ですか？」と尋ねると、「話を聞いてくれない」「聞いてくれているかどうかわからない」「話を遮る」「携帯を扱いながら話す」「ため息をつく」「自分のことばかり話す」「否定的」「一方的」「あいづちがない」「眼を見ない」「舌打ちする」「笑顔がない」などが挙がります。

まとめると、コミュニケーションが苦手だと思っている人の理由は「話すこと」への苦手意識、一方「こんな人とは話したくないと思う人」は「聞いてくれない人」なのです。

ですから、コミュニケーション上手になろうと思えば、雄弁に語れる能力はさほど必要ではなく、人がコミュニケーションする上で「されたくない」ことをしなければいいということになります。

つまり、コミュニケーション上手は、「話し上手」ではなく、「聞き上手」なのです。この「聞き上手」ができるようになれば、後は簡単。聞きながら、繰り返したり（リフレイン）、頷いたりしながら内容から感じることを質問していけばいいのです。そこから会話のキャッチボールができるようになり、苦手だったコミュニケーションも楽しめるようになります。

難しいことではありません。特段の技術を要するわけでもありません。「一所懸命聞く」ことです。聞き上手になるためには、「聞く」を「聴く」に変えればいいのです。

「聞く（hear）」――受動的。自然に音が耳に入ってくる、聞こえてくる状態。

「聴く（listen）」――積極的。相手に注意を払い、理解しようとして聴くこと。

相手の話に集中しながら、相手のことを考えその人の話をきくこと。

私は「カウンセラー」という仕事をしているので、カウンセリングの際は「傾聴」を常に心がけています。カウンセラーとして最も重要なスキルが「傾聴」だと言っても過言ではないと思います。

文字からもわかります。「聞く」は、耳できく。「聴く」は、心できくのです。

こういったコミュニケーション力は、結婚後もずっと問われることです。夫婦間の溝って、コミュニケーション不足から生じることが多々あります。これまで多くのご夫婦のコミュニケーション不足による不仲を見てきました。心が通う会話はほとんどなくなり、メールやLINEはまるで事務連絡。なかには同じ家の中にいるのに、別々の部屋にいてメールやLINEでやりとりしている夫婦もいます。

フランス劇作家のアルマン・サラクルーは、「人間は判断力の欠如によって結婚し、忍耐力の欠如によって離婚し、記憶力の欠如によって再婚する」と言っていますが、私はズバリ「離婚はコミュニケーションの欠如」だと断言できます。それほどコミュニケーションって大事なのです。「もっとコミュニケーションを取っておくべきだった」、そう後悔しても「時すでに遅し」です。取り返しなどつきません。

私と一緒に仕事をしてくれているマネージャー真由美さんは、旦那様とのコミュニケーションが素晴らしく取れていて、誰もがうらやむようなご夫婦です。真由美さんはとても聞き上手。旦那様を否定するような言動はしません。聞き上手って、相手の話を遮らず、あいづちを打ちながら最後まで聞き、次の言葉を引き出してくれる人なのです。相手の立場に立っているからこそ、受け入れられるのです。相手を認めているからこそ応援できるのです。身につけておきたい心がけです。

コミュニケーションの仕方について、「こうでなくてはいけない」というものはありません。日々の会話を楽しむこともひとつでしょうし、なかなか二人の時間が作れない場合は、二人で映画を観たり、食事をしたりするコミュニケーションの時間を確保することが必要かもしれません。

苦手意識から、積極的にコミュニケーションしたくないと思っていたとしたら、今日からすぐに行動するべきです。人は一人では生きられない生き物です。

結婚してもしなくても、誰かと関わりをもって生きていかなくてはならないのです。まずは、相手に興味を持つことから始めてみてください。聞く力が身につきます。

［秘訣］20 褒め上手になろう

「あなたは、これまでの人生で人から褒められた経験はありますか？」と聞かれたら、誰でも「あります」と答えるでしょう。親、学校の先生、習い事の先生、友人、知人、会社の上司、お客様、挙げればきりがないくらい出てくるはずです。

そのときの感情を思い出してみてください。嫌な気持ちになりましたか？

もしかしたら「歯が浮いたようなお世辞」と思えたり「褒められると照れる」人もいるかもしれませんが、それは褒められる際のシチュエーションに問題があるのです。例えば、自分の評価を相手が過大に評価したという場合などは、居心地がいいとは言えないのかもしれません。

それでも、誰でも褒められて嫌な気持ちにはならないはずです。特別な背景がない場合、人は、褒められると嬉しいものですし、褒めてくれた人に好意はもっても敵意を抱くことはありません。逆に褒められたら褒め返したくなるくらいです。

人は褒められると「ドーパミン」という脳内物質が分泌されると言われています。

この物質は、精神を安定させ、モチベーションを高めてくれる効果があります。ですから、人から褒められることを快く感じるのです。

では、あなたはこの一週間以内で、何人の人に褒められましたか？

あなたはこの一週間以内で、何人の人を褒めましたか？

大人になると、褒めたり、褒められたりって少なくなってきます。

少なくなっているからこそ「褒める」ことの重要性が増します。現在、ビジネス研修や子育てなどでも「褒める」ワークが多く用いられています。「褒める」ことは、仕事だけでなく、プライベートでも、上手く機能し、非常に高い効果が期待できます。

恋愛や結婚に活かさない手はありません。「褒める」は、二人の関係を良好なものにしてくれるツールです。ぜひ、「面倒臭い」なんて思わないでやってみてください。

「褒められて伸びるタイプ」の男性は多いです。男性は基本「単純」ですから、褒められると想像以上に喜びます。

「男性が喜ぶ、さしすせそ」を使ってみましょう。6割の人が効果的だったという調査結果がでています。使う価値があります。

さ：さすが〜！
し：知らなかった！
す：すご〜い！
せ：センスいい！
そ：そうなんですか！

ただし、これら言葉は、タイムリーに使うことが求められます。さらに「あなたを尊敬しています」という気持ちを込めることが重要です。わざとらしくはNG。せっかくですから「男性を凹ます、たちつてと」もお伝えします。

た：たいしたことないじゃん
ち：違うでしょ、それ
つ：つまんない
て：てきとーでいいよ
と：どーでもいいよ

お付き合いが深くなればなるほど、出てきがちなワードですね。相手から言われると、男性、女性限らず嫌な気持ちになります。

「褒める」ということは、相手のよいところをしっかり見ていないとできないことです。しかし、長年相手のことを見ていないとできないことかと言えば、そうでもありません。

婚活の場でも、数分間のフリータイムで相手のよいところを探せます。実際に私のスクール卒業生は、それを実践していました。「好みでなくてもよいところを探して褒めるように心がけていました」とのことです。この卒業生は、その後、結婚に至ることができました。婚活の場で、「粗探し」が習慣になっていませんか?

日頃から「褒める」習慣を身につけておけば、相手のよいところを探せるようになり、自然と「褒め上手」になれるのです。人を褒めることができる人は、周りからも褒められている、認められている人です。結婚後もお互いを褒め合える関係性ってステキだと思いませんか? もうひとつ、「褒める」は相手のためにやっていることのように思うかもしれませんが、実は相手が喜んでくれることにより自分にはね返ってくる効果を考えたら、自分のためにやって損はないのです。「褒め上手」は人生得します。

〔秘訣〕21　男女の違いを知ろう

「私の思っていることは、男性も同じように思ってくれているはず」

こう思っていませんか？

私は、こう思ってる女性は多いと感じます。もし、そう思っていると「なぜわかってくれないの？」ということが起きますし、実際に起きています。

男性と女性はなぜすれ違うのでしょう？

男性の脳と女性の脳を比べると、男性は空間把握をつかさどる右脳が発達し、女性は言語をつかさどる左脳が発達しています。さらに右脳と左脳を繋ぐ「脳梁」と呼ばれる場所に大きな違いがあると言われています。男性より女性の方が、脳梁が20％程太いのです。右脳と左脳の連携が十数倍から数十倍行われているので、情報が頻繁に行き来しているということです。

それにより男女にはこんな違いがうまれます。

〈**女性脳**〉

・感じたことがすぐ言葉になる
・1日2万語の単語を発する
・共感できる脳
・察知能力が高い（嘘を見破る能力）
・昔のことをよく覚えている
・人と比べられることを嫌う
・二つのことが同時にできる（同時並行処理）
・着ていく服、メニューがなかなか決められない

〈**男性脳**〉

・空間認識能力が高い
・1日7千語の単語を発する
・概念空間を把握することが得意
・経済社会、宇宙空間、原子、等々への理解力が高い

・客観性、社会性が高い
・鈍感
・二つのことが同時にできない

女性は、とりとめもないことを一定量しゃべり、共感を求める「感情の生き物」であり、男性は、問題解決のために理論立てて必要事項を簡潔にしゃべる「理屈の生き物」だと言えます。このことだけでも、大きな違いだと思いませんか？

特に恋愛や結婚生活において、ここの違いを押さえておかないと、「どうして？」がいつまでも解決できずに溝が深まります。

男性と女性、根本的に異なった生き物だと認識しましょう。

では、違うと認識すればそれでコミュニケーションが円滑にいくのでしょうか？

そう簡単にはいきません。お互いが、違いを認識した上でわかり合えるための努力をしていかなくてはならないのです。気持ちが通じるためには、相手にわかる言葉で、相手の気持ちを推し量りながら、自分の要求や気持ちを伝えることが必要です。

そのためには、アイ・メッセージが大切です。

アイ・メッセージとは、文字通り主語を「アイ（私）」にして伝えることです。

まず、ユー・メッセージ。

「あなたはいつも待ち合わせ時間に遅れるよね」

日頃の何気ない会話ですね。これをアイ・メッセージに変えてみます。

「遅かったね。何かあったのかと心配したよ」

遅れたということは、きちんと伝えながらもアイ・メッセージだと「心配した」という気遣いまでが伝わり、相手は「申し訳ないことをした」と思うのです。

ユー・メッセージだと「僕ばかりに言うなよ。君もよく遅れるじゃない」と反論されてしまい、「遅れたのはあなたなのに、そんな言い方するの？」とここから理屈VS感情の喧嘩が始まってしまいます。

また、ユー・メッセージが上から言っているように聞こえるのに対し、アイ・メッセージは対等な関係に感じられます。

このようにアイ・メッセージを積極的に使ったほうが、コミュニケーションが円滑にいきます。「相手のために」「相手を思って」という感情を伝えましょう。

男と女では違いがあるということ、その違いを認識しつつ伝え上手になりましょう。

［秘訣］22 ギャップ女になろう

第1章の秘訣5で「見せたい自分」－「周りに認識されている自分」＝「ギャップ」です、とお話ししました。婚活していく上でも、他人と付き合っていく上でも「見られたい自分」を周りの人からも見てほしいはずです。しかし、自らが目指す自分、選ばれる自分になるためには、このギャップをなくすことが必要です。

矛盾しているようですが、そうではありません。そこからさらにステップアップしてほしいのです。「ギャップをなくした見られたい自分」＋「相手に好印象を与えるためのギャップ」＝「より魅力的なあなた」なのです。基本、男性は自分にとって魅力的だと感じる「意外性＝ギャップ」を好む生き物だと思います。

私が婚活応援している男性にどんな女性が好みかと尋ねたところ、「見た目派手な女性がいいです。あっ、中身は派手でないほうがいいです」と言っていました。まさにこのギャップだと思います。

では、いくつかギャップの例を見てみましょう。

〈ギャップその1〉

一見控えめで大人しくてインドア派かなと思っていたら、キャンプ大好きで趣味は釣りといったアクティブさを持っていた。「静と動」のギャップ。結婚後楽しく過ごせそうだと想像が広がります。

〈ギャップその2〉

一見クールで近寄りがたい女性。しかし家庭的で料理上手な面が見えた瞬間、「クールと家庭的温かさ」のギャップが生まれます。料理なんてまったくしそうにない女性が料理上手だとわかると、一気に結婚生活への憧れが広がります。

〈ギャップその3〉

みんなでいるときは、あまり積極的に話すほうではないように見えていた女性が、二人きりになると、会話のセンスもあって楽しい時間にしてくれる。「コミュニケーション」のギャップ。自分にだけ見せてくれる姿に惹かれるようです。

〈ギャップその4〉

きらびやかに見え、付き合うにもお金がかかるだろうと思っていた手の届かなさそうな女性が、実は庶民的な感覚をもっていて、贅沢でもなかったことを知った「金銭感覚」のギャップ。

男性が結婚相手に望む結婚の条件で「金銭感覚の一致」というのは大きいのです。必死に働いたお金を浪費されるような女性とは結婚したくないと強く思っています。

〈ギャップその5〉

単純に見た目のギャップ。いつもスーツでバリバリ仕事をしているキャリアウーマンが、ある日ステキな着物姿で現れたときの「見た目度」のギャップ。和を重んじる女性ってやはり男性にとっては魅力度をアップする要素となるようです。

〈ギャップその6〉

気品があって、高級フレンチやイタリアンにしか行かないように見える女性が、いわゆるB級グルメのお店に抵抗なく一緒に行ってくれるという「セレブ感」のギャップ。

「美味しい物を美味しいと言える」共通の価値観。高級フレンチからB級グルメに至るまで、楽しく美味しく一緒に食べられるというのは、B級グルメ好きな男性にはたまらなく嬉しいことだと思います。

他にもいろんなギャップがあるでしょう。ぜひプラスに働くギャップを身につけましょう。「可もなく不可もなく」という女性が多いと感じます。見た目も性格も悪くない。ただそれでは結婚に至れないのです。私のスクール卒業生の方々は、派手で活発な女性は少なかったと思います。控えめで物静かな人のほうが多かったです。それでも自分自身をきちんとアピールできて、結婚に至っているとするならば、やはり「結婚したい」と思われる要素は前面に出していくべきなのです。

男性心理を知っておくことが結婚への近道となります。

［秘訣］23 色気のある女になろう

「色気」という言葉の意味を調べると「異性の心を惹きつける性的魅力」とあります。

私は、「色気」とは元々生まれ持った個性というより、様々な人生経験の中から作られてきた、目には見えないけれど、その女性が醸し出す雰囲気だと思っています。

男性が色気を感じる女性ってどのような女性なのでしょう。

・立ち居振る舞い、しぐさが美しい

しなやかな身のこなしができれば、品格のよさが表れます。

日頃から意識し、実践しなければ身に付きません。

・フェミニンな服装あるいはスーツ姿

柔らかな雰囲気だけでなく、仕事ができるカチッとした姿も魅力的です。

ＴＰＯに合った装いが大切です。

・清潔感があり、指の先まで手入れが行き届いている

男女問わず、清潔感は大事です。指先、特に爪の手入れまで見られています。

・落ち着いた声、スマートな会話力

甲高い声で早口でしゃべる女性より、やや低めの落ち着いた声でゆったりとした会話ができ、間を大切にできる人は魅力的です。

・一緒にいる人たちへの気遣い、気配りができる

場の雰囲気を見ながら、周囲への気遣い、気配りができる女性は目立ちます。ただし、さりげなさが必要です。

・目力がある

グッと見つめられると、男性は意識するものです。本気度が伝わります。

・言葉遣いが丁寧、きれい

言葉が丁寧だと全体の印象も品格あると思われます。ただし、丁寧すぎると相手との間に距離を作ってしまいます。

・派手過ぎない

色気＝けばけばしいではありません。「似合う」を超えると派手になりがちです。

・完璧過ぎず、どこか隙がある

バリアを張ったように隙を見せず、完璧にされると男性は近寄れません。やや天然っぽいところがある女性のほうが男性から好まれます。

・いきいきと輝いている

何かを一所懸命やっている女性はそれだけで魅力的。日頃からいきいきと輝きながら暮らすことで自分が磨かれているのです。

これらの要件を備えた女性はやはり魅力的だと思いますし、色気のある女性です。男性には「この女性と暮らせたらしあわせだろうな」とか「この女性をしあわせにしたいな」という気持ちが強くあります。

ここに書いたことは、「女性らしさ」を意識したものが多くありますが、男女の特性があることを前提に書きました。「色気」は、やはり重視されているポイントの一つなのです。

ただ、こうやって特徴を見ていると、これら色気の要素を備えた女性って、異性からだけでなく、同性の心も惹きつけることができますね。

第4章

しあわせな結婚生活のために必要なこと

［秘訣］24　フツーというしあわせに気づこう

かつてバブル時代（1980年代後半から1990年代初頭の好況期）に結婚相手に求める理想の男性基準の例えとして三高という言葉が流行しました。

三高とは、「高学歴・高収入・高身長」のことです。

この言葉、改めて見ると、女性から男性へのハラスメントだと思います。上から目線もいいところです。

しかし、バブルがはじけたと同時にこの三高基準が崩壊します。

三高に続いて出てきた言葉が、三低。

三低とは、「低姿勢（優しい人）・低リスク（安定した職業）・低依存（人任せにしない）」です。バブル崩壊後の不安定な社会情勢を反映して2008年頃にできた言葉で、三高に比べれば、上から降りてきた印象ですが、それでもまだ一方的に男性に求めている感は否めないです。

続いて2012年頃、三低に続き3Kという言葉が出てきます。

３Ｋとは、「価値観が合う（お互いの価値観が合う）・金銭感覚が合う（お金の価値観が一致している）・雇用が安定している（正社員であれば）」です。女性も景気低迷が続いているなか、多くを語らなくなったということでしょう。

さらに、この３Ｋという言葉、他のＫもありました。

「経済力（ちゃんとした経済力があること）・価値観（お互いの価値観が合うこと・家事（家事ができること）」です。大きく違うことは、最後のＫ、家事ができること。これからの時代、家事ができるというＫのほうが説得力あるのかもしれません。

そして、現在。時代は三平。

三平とは、「平均的な収入・平凡な容姿・平穏な性格」です。

経済が低迷する現代においては、高い条件を望めなくても、全体に平均的でリスクが低い男性が求められています。サラリーマンの平均年収は平成25年度で４１４万円（国税庁調べ）でした。一見高いように感じますが、これは、未婚者に限っているわけではないですし、年齢も幅広いので、未婚者に限ったとすれば、現実的にはもっと低くなります。

当然、年収が低くなれば、結婚にも影響します。

『年収300万の壁』という言葉があります。

年収300万円以下の既婚率は、男性8・7％、女性9・3％です。しかし、年収300万円〜400万円未満になると、男性25・7％、女性26・5％と約3倍近く増えます。つまり、収入が低くて将来の見通しが不安定だと、結婚率が低くなるのです。

そして平凡な容姿。イケメンよりも浮気をしないことを重視して、モテなくても平均的な容姿であればそれで安心ということのようです。

最後の平穏な性格。喧嘩しても怒らないとか、不条理なことにも感情を乱さない平穏な性格が結婚相手に求める理想のようです。

何をもって平均と考えるかは、その人その人で違いますから、この基準がいいということではありません。大切なことは、周りに惑わされることなく、身の丈を知った上でお相手に望むことを考えるべきです。

三高に始まり、三平に至るまで、男性に向けた一方的とも言える「結婚相手の基準」。これらは本当にこだわり抜かなければならないことなのでしょうか。結婚相手の条件はシンプルにすべきです。「どれだけ好条件で自分の理想に近い相手なのか」ということより、長い結婚生活を共に過ごす相手ですから、いかに「自然体で穏やかにいられるか」、つまり、相手と一緒にいるときの自分の居心地のよさを重視すべきです。「平凡こそ非凡なり」。多くのご夫婦を見てきて思うことです。

私はセミナーなどで次のように受講生に話しています。

30歳過ぎたら相手に求める条件は3つまで。35歳過ぎたら2つ。40歳過ぎたら、あっても1つ。求める条件より「これだけはしない人」ということに重点をおくべきです、と。「年収500万円以上」より「嘘をつかない人」のほうが大事だと思います。

［秘訣］25　第一印象で決めない

第3章で「第一印象は大切。第一印象は3秒で決まる！」と書きました。

それはその通りです。ただ、婚活の場に行って、あなたに心がけてほしいのは「お相手に対して第一印象で決めない！」ことです。

「何言ってんの？　私は第一印象で決めてもらうために努力しているのに、相手は第一印象で決めないいなんて」と思うでしょう。でもここはとても大事なことなのです。

なぜなら、婚活の場に足を運んでくる男性って、真面目で誠実で優しいけれど、大人しくて、女性への積極的なアプローチが苦手、服装・髪型にもこだわっていない人が多いのです。第一印象重視だと、このような男性は、パーティーやイベント開始後3秒で女性たちからその日の結果が出されてしまうことになるわけです。コミュニケーション力に欠けている、見た目がダサいということだけで、真面目で誠実で優しい人を候補から外していいのでしょうか。せっかく会費を払って、大切な自分の時間を費やして参加しているのに、それではチャンスをムダにしてしまうことになりかねません。もったいないですね。

相手の第一印象なんて、いくらでも変えられます。「見た目」はお金と時間をかけてトレーニングすれば絶対に変えられます。「コミュニケーション力」もトレーニングで身に付きます。しかし、「内面（性格・資質）」はどうでしょう。お金と時間をかけたとしても変えることは難しい。結婚生活で大切なことは、優しさ、思いやり、誠実。この3つです。

第一印象で決めてしまうことが、あなたにとって大きな損失になっているかもしれないのです。婚活の場では、何をおいてもまずカップルになること。これに尽きます。男性があなたを選んでくれたとするならば、カップルになるかどうかは、あなたの決断次第となるわけです。

その基準をどうするか。ここが重要です。

あなたは、カップルになりたいと思う男性の幅、いわゆるストライクゾーンを広げなければなりません。

極端に言えば、選んでくれる人全員とカップルになるくらいの心構え、ストライクゾーンが必要だということです。

しかし、実際には、まず、見た目にこだわる人が多い。具体的に言えば、「顔が好みじゃない」「身長が低い」「髪の毛が少ない」「太っている」など。

この中で問題にすべきは「太っている」です。自己管理できない方だとしたら、健康面が気になるからです。

それ以外は本人の責任ではありません。私は、ストライクゾーンに入れるべきだと思います。

太っている人も、あなたのひと言で、健康的な生活に改善してくれるようでしたら、OKだと思います。

もちろん、女性は、「生理的に受け付けない」という究極の逃げの言葉を持っていますし、それは科学的にも説明できます。「生理的に受け付けない」のであれば厳しいでしょうが、「許せる」レベルであれば、受け入れるべきです。

あなた自身の第一印象をUPすることで、選ばれる確率が上がります。

お相手を第一印象だけで決めないことで選択肢が広がります。

[秘訣] 26 ダイヤの原石を探そう

長年恋人ができない男性、これまで一度も彼女がいなかったという男性が増えています。いわゆる、モテない君です。

草食系男子も増えています。草食系男子とは、「恋愛に積極的でなく、異性をガツガツ求めない。心が優しく男らしさに縛られていない男性」などと定義されているようです。

そして、その草食系がさらにカテゴリー分けされているのだというのです。

優柔不断男子。恋愛に興味はあるが、女性と付き合うために積極的になれない。

迷走男子。恋愛には興味があるが、交際経験が乏しく、さまよい続けるタイプ。

この二つに共通していることは、女性に興味があっても会話が苦手で自分からアプローチすることができない。自分に自信がなく、恋愛したいけれど女性を誘えないという点です。

さらに、もう一種類。

絶食系男子。恋愛に興味を示さない、女性無しで人生を楽しめるタイプの男性。女性と朝まで一緒にいても、終電逃してお泊まりしても関係を持ったりしない。

生き方は本人の自由ですが、絶食系男子が増殖していくと、日本が滅びます。

女性として、このような男性が増えていることは、事実として知っておくべきでしょう。その上で、どうやって結婚相手を見つけるかということです。

私はいわゆる「モテない君」を結婚相手にお勧めします。

40歳前後でお付き合いの経験がなさそうな男性を見ると「何か性格に問題ありそう」「絶対に何かある」と思ってしまいがちです。

しかし、それは男性に言わせれば「そのままお返しします」ということです。

確かに性格的に問題があるかもしれないけれど、それはお付き合いしてみないとわからないことです。その問題が結婚生活に大きく影響することなのかどうかを見極めることが、大事だと思います。

アメリカの大学でこのような研究結果が発表されたそうです。「恋人がいたことがない人や恋愛経験の少ない人ほど、幸せな結婚生活が送れる」と。

18歳から34歳の千名を超える未婚者を対象として5年に渡る調査を開始し、そして結婚した418名を対象に、さらに詳しく調査しました。その結果、婚前の恋愛経験が平均より多い人は少ない人に比べ、現在の結婚生活に満足していないという実態が明らかになりました。

どうして、恋愛経験の少ない人ほど幸せな結婚ができるのでしょう?

たくさんの経験を積むことは、その後の人生で突き当たる問題を解決するに役に立つと言います。つまり、豊富な人間関係の経験は、将来起こりうる新しい人間関係で起こる問題を解決するのに役に立つと言えます。

ですが、恋愛関係については、過去の恋人と現在の恋人を比較してしまい、「昔の彼氏はこういうところがよかったのに、今の彼氏は……」と、不満しか残りません。つまり、過去の恋愛経験が多ければ多いだけ、今の恋人と比較をしてしまい上手くいかないのです。

この研究結果をみて、確かに比較対象が少ないほうが「恋愛ってこういうもの」「結婚生活ってこんなもの」と受け入れることができるものだと思いました。

コラム

Jさんと結婚して大正解でした！（スクール卒業生Nさん）

私の相談室にきていたNさんは、やむなき離婚の経験者でした。気分一新のために私のスクールに入ってもらいました。そのときある婚活バス旅行の案内があり、Nさんに「リハビリ程度に参加してきたら？」と声をかけました。帰ってきてみたら、9人の男性から名前を書かれていたことが判明。数人の方と会ったのですが、離婚直後だったこともありお断りしたのです。数日後、バス旅行主催者の方を介して、9人の中の一人の男性が「会ってほしい」と言っているというお話でした。

Nさんも記憶にない程度の男性。コミュニケーション力が乏しい彼だったそうです。Nさん、バツイチの私でもいいと言ってくれる人ならと数回とデートを重ねました。が、ほとんどのデートで会話のキャッチボールができなかったらしく、私の所に「先方も楽しくないようですからお断りしてください」

と言ってきたのです。主催者の方にそのことを話したら、「すぐに確認してみるわね」と彼に連絡してくれました。「彼女とはどうなの？」そう聞いてくれた主催者の方に彼が答えた言葉は「はい、順調です」のひと言。会話がなくても彼にとって彼女といる時間は幸せな時間だったのです。

実はそんなやりとりが数回あり、Nさんも気持ちがすっきりしない日々を過ごしていました。このままお付合いを続けるべきなのかそろそろ結論を出さなくてはと思っていた矢先、出会って半年程経った頃、Nさんの誕生日がありました。その誕生日、コミュニケーション力が乏しい彼が、プロポーズとも言えるプレゼントをNさんに贈ったのです。ここぞというときのタイミングを逃さずプロポーズした彼の行動力にNさんは驚き感動しました。事態はそこから急速に進展。結婚することになりました。離婚から約一年後のことでした。

主催者の女性と私はこの結婚式に招待され、列席することになりました。感慨深かったです。そんなNさん、今では3人のママとなりしあわせな生活を送っています。

結婚後に届いた年賀状に書かれていた言葉です。

「毎日平穏で……。しあわせだなぁとしみじみ感じています。Ｊさんと結婚して大正解でした！（相変わらず口数は少ないですケド（笑）」

［秘訣］27 金銭感覚を見よう

結婚したら、他人が同じ屋根の下に暮らすわけですから、お金のことは結婚前にきちんと話しておくべきです。しかし、これが以外とできていません。

「結婚前からお金の話をするとガメツイ女と思われそう」などと思うのでしょうか。

結婚前だからこそ、お互いのお金の価値観、将来に向けてのライフプラン、ビジョンをしっかり確認すべきです。でなければ、日々の不満が蓄積され、爆発します。気づいたときには、「時既に遅し」ということになりかねません。

私のスクール生は、結婚前にひっかかりを作らないために「聞いておかなくてはならないことは、事前にすべて聞きました。なので、安心して結婚できましたし、結婚後も慌てることが何もなかったのです」と言っていました。

さらに「私は、どうして聞きたいかをはっきり彼に伝えましたし、彼も私の質問に誠実に答えてくれたのです。その誠実さもポイントが高かったですね」と話してくれました。

なるほど。

彼のことを見極めるポイントって、こんなところにもあります。

ちなみに、私の結婚相談所では、お見合い2回目の際に、お互いの価値観を知るためのコーチングを取り入れています。聞きづらいことを先にこちらが聞いてあげるのです。お互い気を遣うことなく、自分の価値観を相手に伝えることができます。

結婚前に大事なことは話し合って整えておく。話し合うことに意味があります。

一般的な家計管理方法をいくつか挙げておきましょう。当然、夫婦の働き方で管理方法も異なることが前提ではあります。

- 夫婦お小遣い制――二人ともお小遣い制（専業主婦家庭、共働き家庭）
- 家計先渡し制――夫が生活費と妻の小遣いを先に渡す方法（専業主婦家庭）
- 片方の収入で暮らす――大きな貯蓄を目標とする際に使われる方法（共働き家庭）
- 負担費用を分ける――費用項目ごとに負担する担当を振り分ける方法（共働き家庭）
- お互い一定額負担――お互い自分のお金は自分で管理するという方法（共働き家庭）

管理方法の一例だけでもこれだけあります。もっと他にもあるかもしれません。

次に問題となるのが、「どちらが管理するのか」ということです。

オリックス銀行が２０１４年に行った調査の結果によれば、「妻が管理する：56・2％」「夫が管理する：29・３％」「共同で管理する：13・８％」「その他：０・７％」でした。

妻が管理するという家庭が圧倒的に多い結果となっていますが、それでも夫が管理するという家庭が２年前からすると４・５％上昇したということです。

私は、お金の管理が得意なほうが管理すればいいと考えています。夫のほうが節約家で、ちゃんと貯金をしている家庭も知っています。妻に管理を全部任せていたご家庭は、家を購入することになり、夫が妻に「いくらか頭金ある？」と聞いたら２千万円貯まっていることを聞かされ、大変驚いたという話もあります。

一方、妻に全部任せていたら、どう考えても１千万円は貯めていたであろう預金が「ないよ」のひと言で済まされ、離婚請求までされたというケースもありました。

大事なことは、「家計の透明化」です。お互いの収入はこれくらいで、何にどれくらい使っているかをお互い知っていること。

問題は、お互いの小遣いの内訳までさらけ出さなくてはならないのか、ということですが、これは二人で話し合って決めればいいのです。我が家は小遣いの使い道などお互い詮索したこともされたこともありません。そこはお互い自由でよいと思っているからです。

「夫の稼ぎは家庭のもの。私の稼ぎは私のもの」と思っている妻が多いのです。夫の収入は当然、家計に充て、妻が働いている場合、妻の収入はまったく家計に入れていないというケースがあります。結構、多いです。勘違いしてはいけません。「結婚したら、二人の稼ぎは二人のもの」なのです。一例ですが、夫の収入を毎月の必要な生活費に充て、妻の収入は、預金と娯楽としている家庭があります。この場合、妻が産休・育休に入って収入が減ったとしても夫の収入のみ生活しているので、生活費に影響しないのです。

もう一点。よく喧嘩になるのが結婚前に作っていた預金。これは基本作った本人のものとなります。ですので、結婚前にコツコツ貯めたお金は、黙って持っておけばいいのです。

私のスクール生にも結婚前に大口定期を作った方がいます。夫は未だにそれを知りません。喧嘩して「離婚したい」と思った際に「いざとなったら、あのお金がある」と思うだけで安堵して気持ちが落ち着くのだそうです。

我が家は、結婚したときの最初の給料、手取り17万円から結婚生活が始まりました。夫の預金がいくらあったのかなど、まったく知りません。まさにゼロからのスタートでした。それで十分だと思うのです。家計について、夫も妻も公平な金銭感覚を持っておくことが何より大事です。

そういえば、夫は保険会社にお勤めで、妻は専業主婦というご家庭。この旦那様からこんなことを聞きました。

「我が家では、マイナスの資産はすべて私名義で、プラスの資産はすべて妻名義です」

夫が妻を全面的に信頼している、いや、信頼し合っているご夫婦なのだと思います。こんなこと、さらっと言えるってかっこいいし素晴らしいですね。

［秘訣］28 価値観を認めよう

多くの未婚男女が結婚相手に求める条件として「価値観が合う」を挙げています。一方で、夫婦問題で訪れる相談者の多くが、夫婦問題の主な理由に「価値観の相違」を挙げています。

価値観が合うと思って結婚しても価値観が違うといって揉めるのです。ところで「価値観の共有」と「価値観の一致」って違います。一致なんて、そうそうするものではありません。結婚したとたん、相手の価値観を受け入れることをせず、自分の価値観の正当性を主張する。これでは、夫婦円満とはいきません。

結婚した後、価値観の違いに気づくこともあります。そこで、お互いが、相手を尊重していれば、価値観の違いは埋められるはずです。

結婚して幸せな結婚生活を送るためには「価値観の共有」が必要なのです。価値観の共有には、認め合うことが大切です。

私の知人で人生の大先輩がこんなことを仰っていました。

「『諦める』はマイナスイメージの言葉に取られることが多いと思いますが、『諦める』は相手を明らかに認めるということなんだよ」

自分の価値観を押し付けてはいけません。あなたとパートナーは違って当たり前なのです。押し付けはよくないですし、どちらかが我慢してしまうということがとても危険です。我慢は不満を募らせ、いずれ爆発することになります。だったら、最初から「違うんだから」と認めてしまうことのほうが、自身も気が楽だと思います。

恋愛期間中の「お互いの価値観」は、惚れた欲目だったりするので、錯覚してるも同然。

あるカップルの話です。

彼女が彼に「今度の日曜日、一緒にショッピングして買い物しない？」と言いました。彼は「いいね。了解」と返事。そして迎えた日曜日の朝、彼から彼女に電話が掛かり「今日さ、すごくいい風が吹いていて、サーフィン日和なんだよね。サーフィンしてもいいかな」ということでした。彼はサーファーでしたので、どうしても海に行きたくなったようです。このようなシーン、あなたはどう対応しますか？

①「だったら私もサーフィンするから予定変更しましょう」
②「私はあなたと一緒にいたいから、海辺であなたのサーフィン見てるね」
③「そうなのね。私は買いたい物があったから、ショッピングに行くね。サーフィンが終わったら、連絡ちょうだい。食事は一緒にしましょう」
④「えっ!? 話が違うじゃない。前から約束してたでしょ。私との約束破るの?」

いかがでしょう?

これは趣味の話ですが、ここも「お互いの日曜日をどう過ごすか」の価値観が問われます。①〜③までは、結婚に向けて交際を続けることはできますが、④であれば、結婚して生活を一緒に続けることは難しいでしょう。

長い結婚生活を考えたら、恋愛中から相手の価値観をしっかり見ておく必要があります。

［秘訣］29 過去歴・年齢へのこだわりを捨てよう

婚活の場でいきなり相手の年収を聞く失礼な人はいませんが、学歴や職業・職歴をやたら気にする女性がいます。そこから年収を割り出そうとしたり、将来性を見たりしているのです。確かに結婚相手を探しに来ているのですから、相手の経済力は気になるでしょう。

しかし、今の時代、相手にばかり経済力を求め、それに依存をしようとするのであれば、35歳からの結婚は相当厳しいです。

そんな人は、条件重視のお見合いをお勧めします。しかし、お見合いでも35歳以上は厳しいですし、今の時代お見合いだからといって男性の所得が高いことはないのです。仕事についていても、あなたに稼ぐ力があるのであれば、ここも受け入れてみるべきです。

続いて離婚歴。相手が初婚か離婚歴があるかは、とても気になります。

私は夫婦問題のカウンセリングをしていますが、２０１５年秋には再婚に特化した結婚相談所も立ち上げました。離婚には「やむを得ない離婚」があります。今の時代、「離婚が×」という認識はもう古いです。離婚を一度経験している人は、とても辛い経験をしています。その分、学びも経験も多いと考えることもできます。一度結婚しているので「結婚力」があるのです。実際に私の結婚相談所でのお見合いは、会話がとても弾んでいます。初対面でもまったく影響ありません。離婚歴にこだわるのか、結婚力を信じるのか。それはあなた次第です。今や結婚するカップル4組に1組は再婚だと言われています。それだけ再婚は珍しいことではなくなっています。言えることは、離婚歴があるだけで、お断りするのはもったいないということです。

ただし、以前の結婚がどういう理由で離婚に至ったのかは知っておくべきだと思います。そこを濁すような方だったら、誠実さに欠けていると思いますので、お断りすべきでしょう。

最後に年齢。私が35歳以上の女性にお相手の年齢の希望を聞くと、大概の女性が「上下5歳位でしょうか」と答えます。さらに「できれば年下の方がいいかな」とも。

では、実際に結婚している夫婦の年齢差ってどれくらいでしょう？

厚生労働省統計情報部「人口動態統計」平成21年度によれば、「夫が年上：56・3％」

「同じ年：19・9％」「妻が年上：23・8％」となっています。

このうち妻が4歳以上年上は6・1％しかいないのに対して、夫が4歳以上年上は25％もいます。夫婦の歳の差は、近年狭まってきている傾向にありますが、それでも夫が年上という場合がまだまだ多いのです。

お相手の年齢は、よりデータに近いところで「10歳年上〜3歳年下」で再考してみてはいかがでしょうか。

コラム

お付き合いを始めるために実践したこと、考えたこと

35歳以上で結婚した卒業生たちに聞きました。

・バツイチの人は人生経験豊かとプラスに捉えました。相手も自分も過去はあります。

・気に入った方がいたら、もう一度会うようにしました。

・好みでない男性でも2回はデートするように心がけました。その方がダメでもその方の友人に会えるかもしれないと考えていました。

・出会ったら、とりあえず3回は会いました。3回会えば素顔が見えると思いました。

やはり1回で相手を見切ってしまうのはもったいないですね。

［秘訣］30　NG男を見抜こう

結婚するとき「離婚するかも」と思って結婚する人はいないはず。

しかしながら、残念なことに一年間に離婚するカップルは約22万組もいます。婚活も長くなると相手を選ぶ基準がわからなくなるという声をよく聞きます。

私は、夫婦問題カウンセラーとして、これまで約2千組ものご夫婦の相談に応じてきました。「どうしてこんな男だと気づかなかったの？」というとんでもない相手と結婚をしている気の毒な方を多く見てきました。

現代夫婦問題として、「モラルハラスメント」と呼ばれる家庭内ハラスメントが激増しています。夫のみに言えることでもありません。妻側に見られることもあります。

ですから、「しあわせな結婚生活」を送ろうと思えば、相手のプラスな部分を見ることよりも、マイナスな部分をしっかり見ておくことが大事なのです。つまり、「NG男を見抜く力」が求められます。

ダメンズ（恋愛・結婚対象としてダメな男）に引っかからないための10のポイント

をお伝えします。

①束縛（支配欲）がひどい・行動を制限される・疑い深い
②自己中心的な言動・行動が多い
③怒りのスイッチが入ると止まらない・感情の起伏が激しい
④怒りが収まったら、驚くほど優しい
⑤悪いことが起こったら、すべて人のせいにする・被害者意識が強い
⑥女性蔑視だったり、学歴の差から見下す発言を平気でする
⑦価値観が違う人を理解できない
⑧店で店員に偉そうな態度や悪態をつく
⑨謝らない
⑩ＤＶ（身体的暴力）に近いこと（揺さぶる・大声を出す・物に当たるなど）をする

ここに書いていることは、交際中はハッキリわからないことも多いです。「羊の皮をかぶった狼」を見抜くには、表面的な優しさでないかどうかをしっかり確認するこ

とです。

相手が育った環境や親への気持ちなどを確認していくと、闇の部分が見えてくる可能性が高いです。家族を大事にしている人は、きっとあなたのことも、あなたの家族のことも大事にしてくれるでしょう。高スペック（高学歴・高収入）な男性だからと飛びつかないことです。

「どんな家庭を築きたいか」を結婚前に知ることでNG男を見抜きましょう。

第5章

「結婚」をより確実に手に入れるために

［秘訣］31

「婚活三原則」を実践しよう

婚活は、とにかく出会いの場に身を置くことが大前提です。

次は「続けること」が大事になります。

私は、婚活、合コンなどの経験がないので、婚活を知るために、オブザーバーとして何度もイベントに参加させていただきました。

現場を覗いてみると、皆さん緊張しているのはわかるのですが、とにかく「雰囲気が暗い人」が多い。実は、受付のときから婚活は始まっています。

主催者に対して、受付の人に対して、どんな振る舞いをしているか。私はこういうところから見ます。「私は客よ」という態度なのか、「お世話になります」という態度なのかをチェックします。立場や人によって態度を変える人っていますが、私は「誰に対しても公平な態度が取れる人」かどうかが重要なポイントだと思っています。

次に席に座った場面を見ます。座った時点で話し始める人もいますし、うつむき加減で黙っている人もいます。最近では、開始まで携帯を触って時間潰しをしている人が多いです。

先ほども書いたとおり、受付から婚活はスタートしているのです。司会者が話し始めてスタートではないのです。第一印象は3秒で決まります。ということは、着席した瞬間でイメージが決まってしまっているということです。ステキな笑顔で同じテーブルの人に「こんにちは」と挨拶くらいできる余裕が欲しいです。

そしてテーブルごとの自己紹介。これは本当に苦痛な時間だと思います。男性が18人いれば、18回同じ自己紹介をしなくてはならないのです。疲れないわけないです。

しかし、4分ルールを思い出しましょう。

この自己紹介で、自分の印象が固定化されます。

だから、しんどさなど見せずに気力と笑顔で取り組まなくてはなりません。

自己紹介は、一生ついて回ります。「自己紹介のプロ」と思えるまで追求してみてはどうでしょう。普通では面白くないですし、印象にも残りません。

印象に残る自己紹介を考え、実践してみましょう。18回が苦痛でなくなります。

そして、フリータイム。気になっている人と必ず話す積極性を持ってほしいと思います。だって、自由に誰とでも話せる時間なのですから、何の恥ずかしさも要りません。

「話せないままだった」と帰って後悔しても遅いのです。人生は「やるか、やらないか」なのです。

「断られたらどうしよう」なんて心配する必要はありません。女性が話しかけてくれたのに、露骨に断るような人とは、カップルにならなくていいのです。

婚活イベントでカップルになるまでって、本当にしんどいと思います。長年スクール生を見てきましたので、よくわかります。思うような成果が得られないときほど落ち込んでしまいます。真面目に続けているからこそめげそうになるのです。

でも、諦めてはいけません。これまでの努力が無になってしまいます。1%でも結婚したいという気持ちがあるのであれば、続けることです。

婚活が辛くて、目標を見失ってしまうくらいだったら、ときどき休めばいいのです。

私のスクール卒業生の一人は、婚活を頑張り過ぎて、精神的に疲れてしまったので「しばらくの間休もう」と、婚活から離れることにしました。休日は、自分の大好きな場所巡りをしていたそうですが、その中には縁結びの神様である「出雲大社」もあったそうです。出雲まで夜中に一人で車を走らせて参拝したそうです。婚活を休んではいるけれど、気持ちが萎えてしまっているわけではありませんでした。そしてまた新鮮な気持ちになれ、婚活を再スタートしました。そして、この卒業生は結婚に至ることができたのです。

別のスクール卒業生は、30歳に結婚するという目標を掲げていました。出会いが見込めない職場だけでは、お相手が見つかるとも思い難く、思い切って大手の結婚情報サービス会社へ登録しました。20代割引後の入会金は20万円でした。29歳で入会したこと、チャーミングな女性だったこともあり、彼女と会いたいと申し出てくる男性は多くいました。そんな中でお見合いをしていたのですが、違和感を覚えるようになったそうです。提示した条件をクリアした方々と会っているのにしっくりこない。私は、提示した条件とは違う男性を探しているのではないか。そう思い始めたとき、もっと高い条件をお相手に出したとして、私自身はそこまで完成された女性なのだろうかと。自分がどうしたいのか、どんな結婚を望んでいるのか、わからなくなったのだそうです。この卒業生、「こんな気持ちで婚活を続けては、お相手に失礼になる」と思い、休会ではなく、あっさり退会しました。「一旦リセットします」と宣言していました。この話を聞いたときに、あまりの潔さに感服したのですが、同時に今の時代の婚活には、メンタル面の強さが必要なんだと感じました。

実際に頑張っている女性の声を聴くと、ときどき休むことって大事なのでしょう。「続けること」「諦めないこと」そして「ときどき休むこと」。これを私は「婚活三原則」と言っています。これを実践して結婚に至った人は数多くいます。彼女たちが口を揃えて「気力も体力も使い果たしました」と笑いながら振り返ります。一番しんどいと感じるときをどうか乗り越えてください。そうすれば笑って振り返られる日が来るのです。

35歳という年齢からの婚活でしたら、正直、そんなに長くは休んでいられないない心境だと思います。休む＝パワーチャージと考えましょう。

「不安に対する一番の解決策は、とにかく忙しくなること。失敗したらどうするかを考えていても、意味はないし、たいしたものを持っていないあなたがゼロになることを、なぜ恐れるの？」（堀江貴文）

コラム

カップルになれるために努力したこと

35歳以上で結婚した卒業生たちに聞きました。

・その場を楽しむと決めて参加するようにしました。
・最初から相手探しと思わず、まず男性と自然体で話すことを心がけました。男性との会話は場数を踏むことが大事だと思い、実践しました。
・タイプでない人とも「こんな人もいるんだ」という気持ちで楽しく接しました。
・イベントに行くと必ずその場で最低一人とアドレス交換しました。
・笑顔を絶やさず、聞き上手になり、会話が続くことを心がけました。
・煮詰まったとき、思い切って休みました。
・ダメだったときもへこまず、気持ちをすぐに切り替えました。

・イベントでいいなと思った男性には、その日のうちに自分からお礼メールをしました。

婚活イベントに、自らの「課題」をもって臨んでいると思いませんか。

［秘訣］32

一人暮らしをしよう

30代後半の娘さんを持つお母様の話です。

「娘が20代の頃、こんな話を娘にしていました。『お母さんは早く結婚したから知らないことが多くてね。嫁姑問題で苦労して大変だったの。あなたに早くからそんな苦労はさせたくないわ。慌てて結婚しなくていいから、やりたいことしてじっくり相手を選んで結婚したらいいのよ』。娘も急いで結婚する必要はないって思ったでしょう。そのうち30歳になり、そろそろお相手を見つけて連れてくるかなと思っていたのですが、その気配まったくなくて、今は36歳になりました。あんなことを言った手前、娘に急かせることもできず、その話題に触れることすらできないのです。申し訳ないことを言ったと思っています」

パラサイトシングルという言葉、聞いたことありますか？

パラサイトは「寄生虫」、シングルは「独身」、簡単に言えば、実家暮らしの未婚者のことです。ここでは、「学卒後もなお親と同居し、基礎的生活条件を親に依存している20歳〜49歳までの未婚者」と定義します。

現在、全国のパラサイトシングル人口は1千万人を超えていると言われています。

国立社会保障・人口問題研究所2007年調査によれば、同居の主な理由は2つ、男性も女性も同じでした。

「自分に十分な収入がない」、そして「自分が同居を望んでいる」です。

近年では、親の理由による同居が増加傾向にあるようですが、それでも自分都合の理由が圧倒的に多いのです。

「十分な収入がない」ということについては、雇用の非正規化が進み、景気の低迷が続いていることが要因として考えられます。自らの力で現状の収入を増やそうと思うならば、もっと給料が高い仕事を見つけて転職するか、副業をする、あるいは今の仕事で出世するしかありません。

「自分が同居を望んでいる」については、介護などのやむを得ない事情でない限りは、「家事など家族がやってくれる」「自由に使えるお金が多くなる」「家族といて楽しい」などの理由が多いと思うのです。要するに居心地がいいのです。

前者は「収入が低いから仕方ない」、後者は「居心地いいからいい」、と一見真逆の理由のように聞えますが、実はどちらも変化を望まない「現状維持」志向です。

これを「現状維持バイアス」と言います。「変えなくてはならない」、という強い動機がない場合に、「まぁ、今のままでいいか」と考えてしまうのです。これでは何の変化も生まれません。現状ではいけないと思いながらも行動に移せないのは、今の自分にとって新たな行動を起こすこと、言わば、不確実な未来を選択することに不安を抱いているからです。現状を失う損失を意識し過ぎて、損失回避の心理が働いているのです。

一人暮らしをするって、経済的不安や心理的不安に陥るかもしれませんが、経済的自立や精神的自立の一歩でもあるのです。

パラサイトシングルで居続けていると、「結婚したい！」という願望も「まぁ、今のままでいいか」となり、婚活意欲が妨げられることになりかねません。

不便な環境、困難な状況に身を置いて危機感を持つ。これが、新たな環境を手に入れる近道になるのだとしたら、一人暮らしにチャレンジすることって意味があります。

コラム

一人暮らしをしたことのない私

「一人暮らしをしなさい」と言っている私ですが、実は、一人暮らしの経験がありません。なぜなら結婚が早かったからです。実家の居心地のよさを感じる前に結婚していたのです。

「もう少し家にいてほしかった」

私の母が後になって、私に言ったひと言です。母親として、娘はかわいいから手放したくなかったのが本音なのでしょう。でも、結婚すると打ち明けたときは、そんなことひと言も言いませんでしたし、まったく反対しませんでした。かわいいからこそ、娘の気持ちを尊重し、自分の感情は出さなかったのでしょうね。

あなたのお母様は、今、あなたになんと言ってくれていますか？

［秘訣］33 健康管理をしよう

「婚活に健康管理？」と思われるかもしれませんが、健康は生きていく上で最も大切なことです。婚活でなくても健康管理はしなくてはなりません。健康でいられなければ人生設計も狂ってしまいますし、思い通りの人生を送ることができなくなります。何をするにしても、まず健康であることが大前提です。

会社に就職する際「健康診断」を受けます。それと同じ。これから結婚するためにも健康には気を配って、気になることがあれば、きちんと受診しておくべきです。

私のスクールでも身近な健康講座として、リンパケア講座や、足裏バランス講座をやっています。

35歳、まだまだ若いと思っていませんか？

最近では生理不順、ほてり、手足の冷え、頭痛などの更年期障害と似た症状を訴える30代女性が増えているのだそうです。総称して「若年性更年期障害」という言葉が生まれているくらいです。ストレスや無理なダイエット、食生活を含めて不規則な生活などが、大きな原因と見られています。

女性が社会で活躍するようになったことで、女性も男性と同じように仕事の責任を抱え、精神的にも肉体的にもストレスをため込むようになったことやプライベートでの生活がストレスになっていることもあるようです。

このようなストレスから、ホルモンバランスが崩れ、さまざまな症状が出るのだそうです。ともかく、心身ともに健康であるためには、日頃からの健康管理が必要です。

「婚活うつ」という言葉、聞いたことがありますか？

長期に渡る婚活の疲れから、イライラしたり、やる気が起きなくなったりとうつ病の症状が出てしまう「婚活によって引き起こされたうつ病」なのです。婚活で自分の思うような成果が出ないことに対する焦燥感、辛さ、苦しさから起きるようです。

私は「婚活うつ」になった知人女性を目の当たりにしました。

その女性は29歳でした。「30歳までに絶対に結婚します」そう宣言していました。美しくて、才女で、明るくて社交的、料理の腕は抜群でした。そんな彼女でしたから、すぐにお相手は見つかるだろうと思っていたのですが、実際は見つからなかったのです。なぜなら、彼女の理想の結婚相手の条件がかなり厳しいものだったからです。

フィーリングが合うことは前提ですが、高学歴・高収入は譲れないということでした。私は、自分のスクール生には「高学歴・高収入など条件にするべきでない」とはっきり言いますが、彼女は言ったとおり、彼女自身が完璧に近いものを兼ね備えていたので、「東京じゃない限り、そんな条件の人いないよね」と言うに留めていたのです。

彼女は努力していました。東京の方とお見合いを始めていました。たまに会って進捗状況を聞いていましたが、その必死さは会うごとに増していき、男性だったら引いてしまうんじゃないかとさえ思ったほどでした。

それから1年程経ったころ、彼女に再会したのですが、何かが違うのです。聞けば、うつ病だということでした。30歳、まだまだ大丈夫じゃない。周りはそう思うかもしれません。しかし彼女にとっては「30歳で理想の人と結婚する」ということが、人生最大の目的だったのです。

その後、彼女とは会っていません。

楽観的にもっと広い視野で現実を見て、幸せになってほしい。そう願ってやみません。

これは特別な人に起こることではありません。誰にでも降りかかってきます。真面目で繊細な人ならなおさらです。

婚活をしていくためには、心身ともに健康であることが重要なのです。

いえ、婚活だけではありません。

よりよい人生を、思い描いた人生を送るためにも、心身ともに健康であることは欠かせないことなのです。

コラム

健康について気をつけていたこと

35歳以上で結婚した卒業生たちに、健康について気をつけていたことを聞きました。

・体重管理、アンチエイジングを日々心がけていました。
・年々年は取るので、体のメンテナンスは必ずするようにしていました。人間ドッグや婦人科検診は30歳超えたら毎年必ず。
・腰痛持ちだったので、体のメンテナンスをしていました。歯科、婦人科の定期検診も受けていました。
・ジム通いをして、体力維持していました。
・ヨガに行ったりウォーキングをしながら、健康に気をつけていました。

［秘訣］

34 自立しよう

夫婦問題カウンセラーという職業柄、数多くのご夫婦、そのご夫婦に降りかかってきた夫婦問題を見てきました。

結婚はゴールではありません。

結婚することが重要なのではなく、「より充実した結婚生活を送ること」こそが何より重要なのです。

「そんなことわかっている」と思うかもしれませんが、私のもとに相談に来る人も、そう思って結婚しているはずなのです。

22万組もの夫婦が毎年離婚している現実を考えたら、やはり「より充実した結婚生活を送る」ということは簡単なことではないのです。

最近の夫婦問題として、増加傾向にあるのが「依存」。夫または妻が「何かに依存している」というケースです。簡単に言えば、依存とは、何かに頼って存在または生活することですが、夫婦問題となる「依存」については、内容も様々です。

まず、金銭的な依存。よくあるパターンは妻が専業主婦のため、夫に経済的な依存をしているというケース。ただし、これは夫婦二人の価値観の問題ですから、専業主婦家庭がいけないということでは決してありません。お互いが納得していればそれでいいのです。

ただ、全面的に信頼し合っていた二人だとしても、夫婦問題が起きます。そんなとき、長年専業主婦だった妻は戸惑います。結果、離婚したくてもできないのです。

働き方については、個人の自由だと思いますが、昔言われていた「結婚＝永久就職」などという言葉は死語です。あなたが結婚後、専業主婦になりたいと思っているのでしたら、このことを考えておくべきです。

次に親子の共依存。母子間の共依存を俗に「母子依存」と言っています。『夫婦関係を見て子は育つ』の著者、信田さよ子さんは、母子の共依存関係を次のように言っています。

『母親が自分の考えを子供に押し付け、自分の思い通りに育てているとします。母親は、それを子供への愛情と思い、支配していることに気がついていないのです。一方支配されている子供は、重苦しく、生きづらいと感じてはいますが、離れることができません。日本にはこうした母親の愛情におしつぶされそうになりながら育ったたいい子たちが多いのです』

　このように、母親と離れられない関係が結婚後も続くと、当然ながら新婚家庭に影響を及ぼしてくるのです。私の相談室にもこの母子依存に悩む夫たちが相談に訪れます。

「妻が毎日実家の母親に電話をしています。電話するだけだったら構わないのです。ただ、私と妻とで決めたことでも妻が母親に話すと、母親がきまって「それは違う」と言うのです。たちまち二人で決めたことが覆るのです。それの繰り返しでホトホト疲れます」

「そう言えば、妻は実家のことを異常なくらい大事にしていました。二人だけの新居、それも寝室のベッドの枕元には、僕らの結婚式の写真ではなく、妻の家族の写真が3枚写真立てに飾ってありました」

　このような話が後を絶ちません。夫が妻に共依存関係を示唆するような発言をしようものなら、妻から母親に話が伝わり、さらに責められることになるのです。

　つまり、新しい結婚生活が「妻の母の理想の家庭」になってしまう恐れがあるのです。あなたが、この話を読んで、「私これに近いかも」とちょっとでも思ったら、注意が必要です。心理カウンセリングを受けることも必要かもしれません。

続いて買物依存。あなたはブランド品が好きですか？　流行のファッションに身を包まれていたいと思っていますか？　欲しいものは絶対に手に入れますか？

結婚したら、独身時代とは違って、好きなもの、好きなことを好きなだけ、ということができなくなります。大富豪と結婚すれば別かもしれませんが、一般的には、結婚後、自由に使えるお金が減ったという人が大半なのです。子育てをして、老後まで仲良く暮らそうと思ったら、日々買い物三昧では、家計が火の車になってしまいます。

買物依存の人は、いつも心が満たされていない状況にあることが多く、だから、買物によって満足感を得ようとしているのです。根本にある原因を解明しなければ、依存は治らないのです。買物する人がすべて依存と言っているのではありません。私も、独身時代はオシャレを楽しみたかったので、洋服やブランド品を買っていました。20年以上前でしたが、毎月5万円程度の洋服やブランド品を購入していました。実家暮らしですから、自分のお給料の範囲内で問題なくやりくりできるのです。5万円が多いと感じたこともありませんでした。ただ何となく、結婚したらこんな自由にお金を使うことはできないだろうな、と思っていたので、結婚が決まった時点で、ショッピング用のカードは破棄し、買物を減らしました。コントロールできる状態は依存とは言わないと思います。我慢できない購買欲があなたにあるとするならば、それは結婚後夫婦問題に発展する可能性があるということなのです。

続いてアルコール依存。これまでのご相談で「アルコール依存症」が夫婦問題になったというケースはごく僅かです。僅かですが、深刻な問題です。健康を害してしまうこともありますし、仕事に差し支えることもあるからです。妻のアルコール依存はさらに少ないですが、相談に来られた方はいます。缶ビールを一日10本程飲むということでした。これほど飲まれたら家計に多大な影響を与えますし、健康も害します。「飲んだら人が変わる」ということは、平常心でないわけですから、それは問題も起こります。

最後にギャンブル依存・ゲーム依存。これも夫側に原因があることが多いのですが、今の時代、ゲームにはまる妻も少なくありません。ゲーム依存は家族の会話をなくしてしまいますし、子どもへの影響が懸念されます。パチンコなどのギャンブルも、昔のように男がするものではなくなっています。パチンコなどのギャンブル依存だと確実に家庭は崩壊します。

一生ギャンブルやパチンコをしていたいと思う人は、結婚しないほうがいいと思います。誰からも文句を言われずに「自分で稼いだお金は自分で使う」ということでいいと思うのです。

様々な「依存」について書いてきました。脅しのように思われるかもしれませんが、私が実際にカウンセリングを通して見てきた実情から感じることです。

なんでもほどほどがいいのです。きちんとコントロールできていれば、依存とは言いません。行き過ぎては後悔してもしきれない結果を生んでしまいます。依存しない関係性を築いていくためにも「精神的自立」が求められます。

依存しすぎない関係性が「いい夫婦」の姿なのです。

［秘訣］35

仕事をもとう

あなたは、結婚したら共働きしたいですか？

それとも専業主婦になりたいですか？

平成26年総務省の「労働力調査」によると夫婦の共働き世帯は１０７７万世帯。一方、専業主婦世帯は７２０万世帯となっていて、共働き世帯は上昇を続けています（表１）。これは女性の社会進出が進み、共働きをしたい女性が増えたことによる結果かと思いきや、それればかりではないようです。

実は、若者の「専業主婦志向」は高い傾向にあります。

内閣府の世論調査では、「夫は外で働き、妻は家庭を守るべきである」という考え方について、これまで調査を行ってきました。平成16年と直近の平成26年を比較してみると、平成16年は45・２％、平成26年では44・６％が専業主婦志向に賛成、どちらかと言えば賛成という考え方に賛同しており、この10年間で意識に大きな変化は見られなかったという結果になっています（表２－１）。

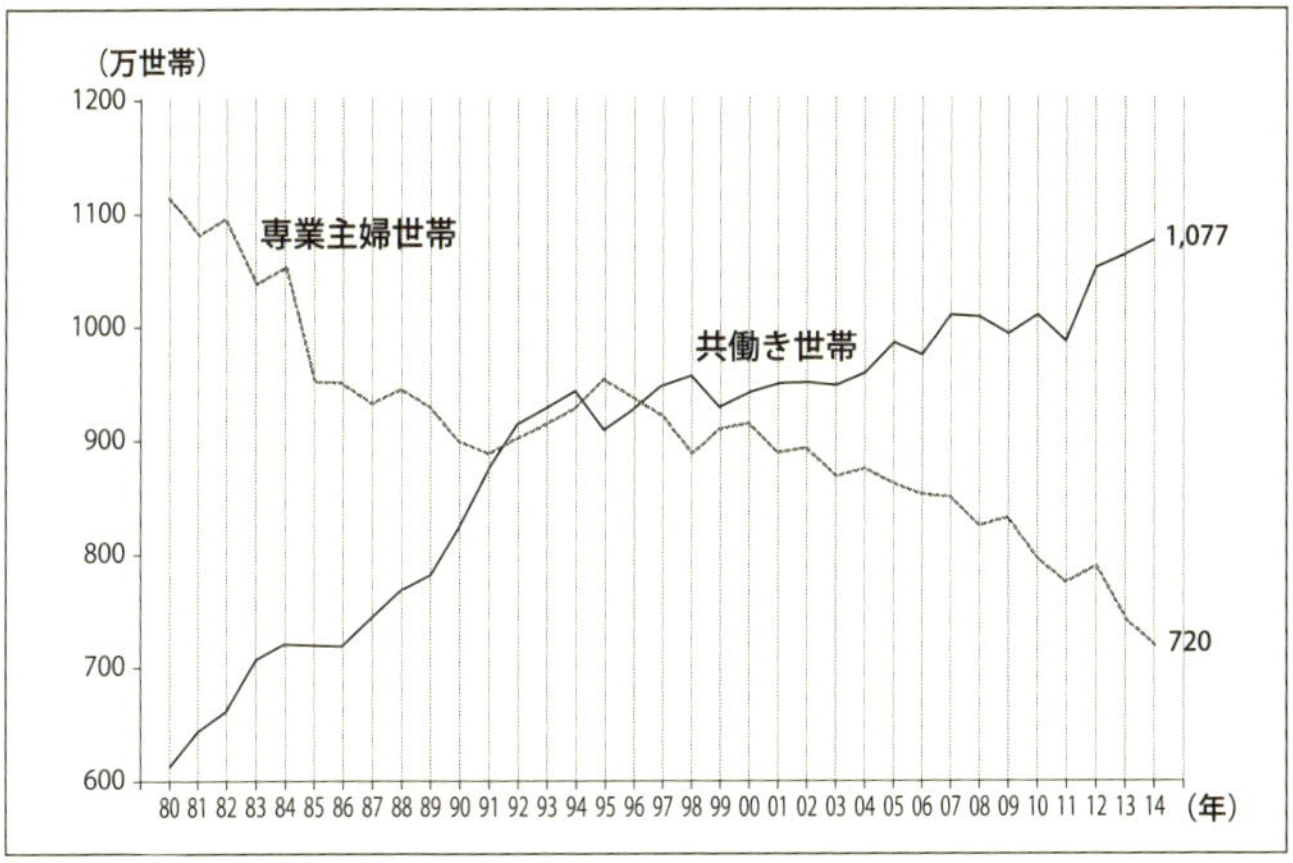

表１　専業主婦世帯数と共働き世帯数の推移

さらに見逃せないこととして、この専業主婦志向は男性に特に強くあるものかと思いきや、男性46・5％、女性43・2％とあまり差がないという点があります（表2－2）。

女性の社会進出が叫ばれながら、一方ではこのような調査結果が出ているということも受け止めながら、若年層からのキャリア教育に力を入れていかなくてはならないのです。

主婦で幸福度が高いと感じる女性は、「ゆったり余裕をもって子育てや家事ができる」ことを実感していて、それをしあわせだと感じているのかもしれません。

一方、正規雇用者で幸福度が低いと感じる女性は、「結婚・出産後、働きやすい職場環境が整っていない」とか、「家事・育児と仕

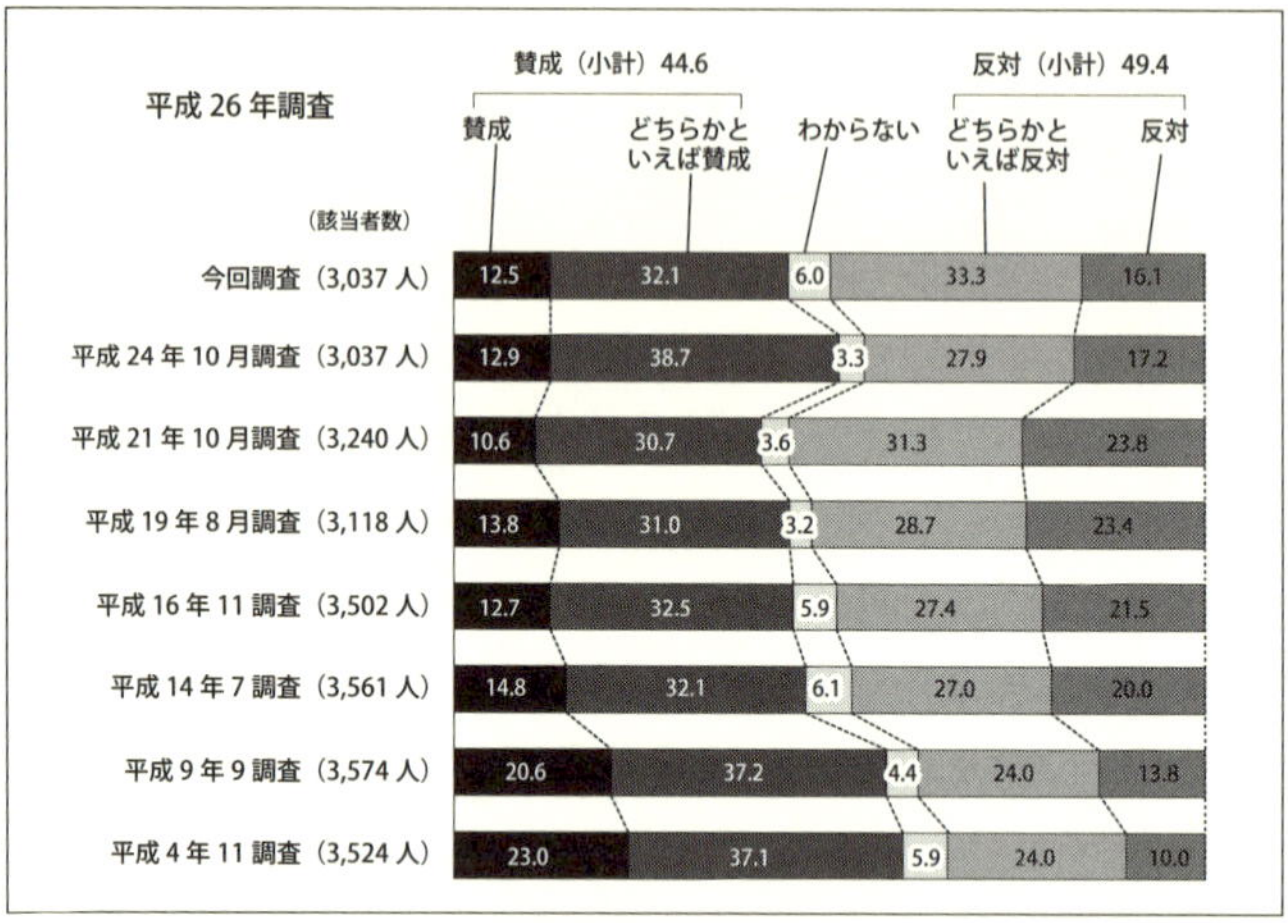

表 2-1 「夫は外で働き、妻は家庭を守るべきである」という考え方に対する意識

事のバランスが取れない。時間が足りない」といったストレスを抱えていて、余裕のない暮らしに幸福度が低くなっているのかもしれません。職場での待遇改善や夫婦間の役割分担など、自分だけではどうにもならない問題も多いだけに、自分に置かれた環境の中でいかにして「幸福度」を最大限にできるか。そのためには、どんな選択をし、どんな改善をしていけばいいのか、思考錯誤しながら実行していくことが大事なのです。

ですから、調査結果をみても、一概に共働きがいいとか、主婦がいいなどとは言えないのです。

ただ、「自立しよう」でも述べましたが、

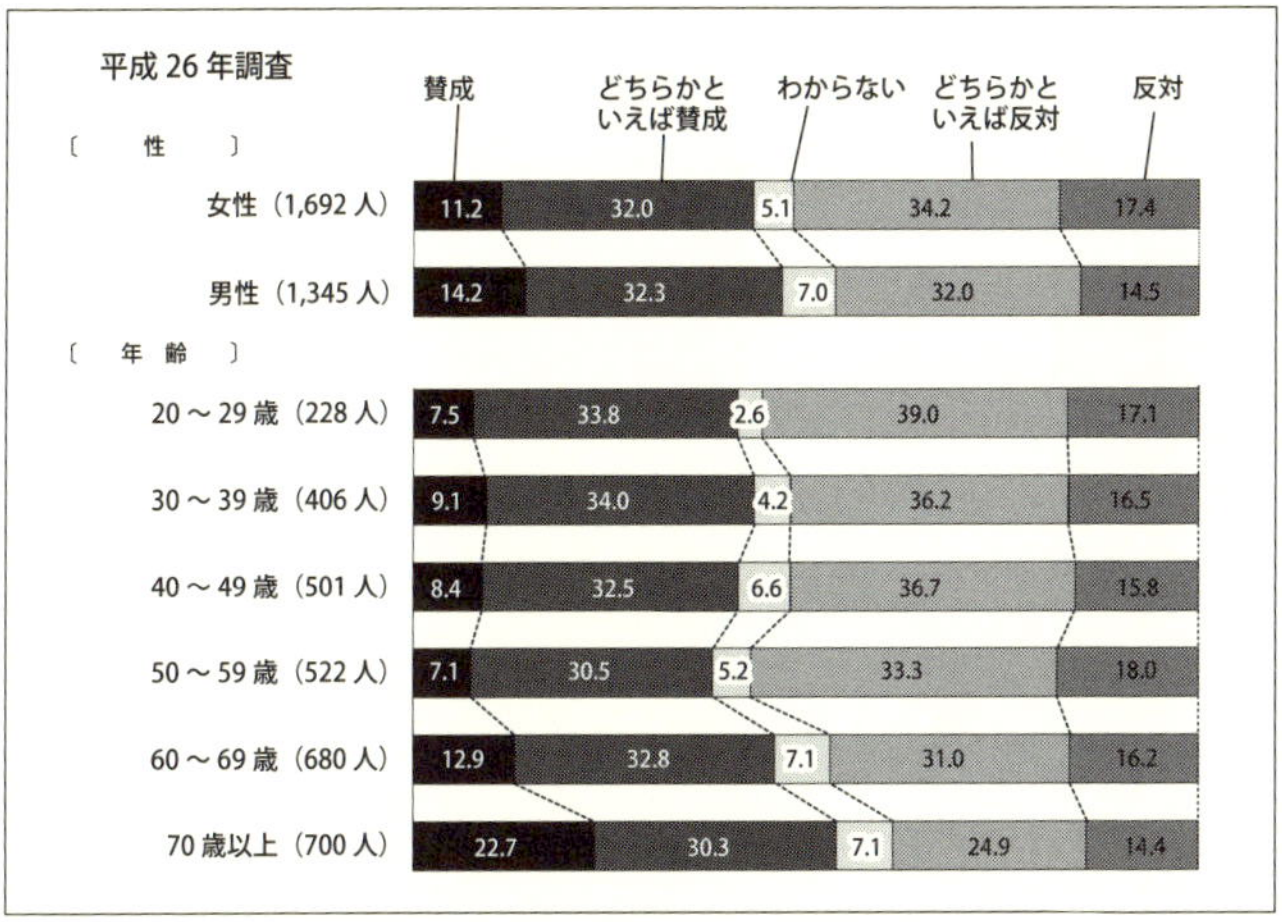

表 2-2 「夫は外で働き、妻は家庭を守るべきである」
という考え方に対する意識

夫婦問題の側面から「専業主婦の経済的自立の必要性」は知っておいてほしいのです。人生何が起こるかわからないからです。

フルタイムでバリバリ働くことを強要するつもりはありません。子育て時期にじっくり子育てをしたいと思っている女性は多いと思いますし、それを否定するつもりはありません。ただ、子育てはいずれ終わってしまうのです。子育てを終えた後の人生のほうが子育ての時期よりはるかに長いのです。何かしらの仕事を持ち、労働対価を得るということは、家計のためだけならず、自分自身の生きがいのためにも大事なことです。ですから、よりよい人生になるよう、専業主婦であってもどこかのタイミングで仕事をもつことを考えてほしいのです。そのためにも将来のビジョンを描いて、準備に取り掛かっていてほしいのです。主婦業の中にも将来の仕事のネタは山ほどあります。

例えば「私はパンを焼くのが誰よりも得意よ」という人は、ただ家族のためにパンを焼くことで終わらないでほしいのです。将来カフェをもつイメージとか、パン屋を始めるイメージをもって、アンテナを張りながら暮らす。それだけでいろんなことに興味がでてきますし、ワクワクしませんか？

実際の話です。私の知人は、最初は家族のためだけにパンを焼いていました。あるとき家に遊びに来ていたお友達に食べてもらったところ、すごく評判がよかったので、嬉しくて友人のためにもパンを焼くようになったのですが、カフェをしている方から「うちのお店に入れてくれない？」と言われ、提供することになったのです。好きなコトで仕事をしたい。その気持ちがどんどん膨らんで、子どもの巣立ちと同時にパン屋をオープンさせたのです。素晴らしいことですね。

また、日本は超高齢社会です。高齢者の介護問題は避けて通れない問題です。子育てしながら、介護の資格について勉強してみるのもよいと思います。親の介護に役立

	2000年	2005年	2010年
夫が家事の他 仕事をしている	21,000人	30,000人	29,000人
夫が家事の他 仕事をしていない	16,000人	21,000人	60,000人

表３　国勢調査より

つかもしれませんし、本格的な仕事になるかもしれません。新たな介護ビジネスが潜んでいるかもしれません。アイデアを考えてみることもよいと思います。

共働き家庭、専業主婦家庭のことを書きましたが、現在、妻が主で働き、夫が仕事をもたずに、家事・育児を積極的に行っているという『専業主夫』は増え続けています（表３）。

２０１０年の専業主婦は６９０万人。専業主夫世帯は、全体の割合からすれば少数ですが、５年前の3倍に増加しています。このことから、家庭の在り方も多様化していると言えます。

私の友人家族にも妻が主で働き、夫が兼業主夫というケースがありますが、しあわせに暮らしています。将来、親の介護問題が起きたとき、体力的にも夫が介護できる環境のほうが適しているかもしれません。

いずれにせよ、「家族のしあわせ」を最優先して考えた場合、家族にとって、共働き家庭・専業主婦家庭・専業主夫家庭、どのスタイルが望ましいのかは、個々の家族で決めればいいことなのです。周りがとやかく言うものではありません。

「親の背を見て子は育つ」ということわざもあります。親の働き方が、子どもの働く価値観に影響を与えることもあるでしょう。例えば、母親が専業主婦の家庭で育った場合は、子どもも専業主婦志向を持つかもしれないし、共働き家庭に育った場合は、共働きを当たり前だと思うかもしれません。専業主婦の母を見ながら、「ずっと家の中にいるより、外に出て仕事をしたい！」と思った、私のようなケースもあるでしょう。結婚前に結婚後の仕事については、パートナーときちんと話をするべきです。

　後になって「あなたが家庭に入ってほしいって言ったから、仕事辞めたのよ」とか、「家のことができないなら仕事しなくてよかったのに」などということがないように、お互いの人生が素晴らしい人生になるようにビジョンを描いてください。

　ただし、計画通りにいかないのが人生でもあるわけですから、うまくいかないときには、軌道修正の話し合いをすればいいと思います。いずれにせよ、パートナーとしっかり役割分担しながら、お互いに幸福感を得られるようなバランスを保つことが一番です。自分の生き方は自分で決めましょう。そのためにも仕事をもちましょう。

コラム

選ぶ前に選ばれよう

最後に、婚活必勝のために絶対に大切なことをまとめておきます。

■選ばれる女性に必要な要素

・第一印象
・マナー
・服装、身だしなみ
・性格の良さ、素直さ、謙虚さ
・コミュニケーション力
・気配り、心配り

何度もお伝えしてきましたし、いまさら言われなくてもわかっていることばかりです。

簡単に見えるかもしれませんが、これらを全力で取り組むって大変なことです。日々の努力以外ありません。「私はできている」そう思っている方も多いと思いますが、もう少しだけ頑張ったほうがよいことがきっとあるはずです。

あなたの周りの人は、あなたに伝えてあげたいと思っていても、関係性を悪くしたくないと思えば、面と向かって言えないのです。私はスクール生や結婚相談所に入会されている方には「絶対にしあわせになってほしい！」と心から願っていますので、厳しいことも言います。傷つかないだろうか。と思いながら私も頑張って言っているのです。ですが、残念なことにそこに気づいてくれない人も過去にいました。アドバイスした途端、連絡が途絶えてしまったのです。私に連絡をしてくることは、義務でもなんでもありませんので、連絡してこなくても何ら問題はないわけですが、これ以上アドバイスすることは、彼女は望んでいないんだと思いますし、こちらから敢えて連絡を取ることはしなくなります。応援したくてもできない状況が生まれてしまうのです。

苦言を言ってもらえるということは、可能性を秘めているということでもあるのです。

結婚相手をどれだけ選んでも、それはあなたの自由です。条件だっていくらあっても構わないのです。

ただ、「選ぶあなたも選ばれます」ということ。結婚はこの言葉に尽きます。どれだけ選んだとしても、選ばれなければ結婚はできません。世の中でたった一人の男性から選んでもらえたら、結婚できるのです。

難しいロジックなどはなく、実に単純明快なのです。


「行動を伴わないビジョンは、たんなる夢。ビジョンのない行動は、ただの暇つぶし。ビジョンと行動がそろって、はじめて人生を変えられる」（モンテーニュ）

ビジョンを明確にし、地に足をつけた行動を心がけ、自らよりよい人生へと変えて行ってください。

あなたがこの一年間の間に、たった一人の運命の人から選ばれることを願って止みません。

おわりに

1960年、今から50年程前の生涯未婚率（50歳までに一度も結婚したことがない人の割合）は、男女共に2％を切っていました。98％の男女が当たり前に結婚していたということです。

それが、現在では、男性の生涯未婚率は20％を超え、女性の生涯未婚率は10％を超えているという現状があるのです。

近年、ライフスタイルが多様化してきました。同時に結婚の形、在り方も多様化したことは間違いない事実です。どれがいいとか、悪いではなく、これからは「多様性を認め、受け入れなくてはならない時代」なのです。

［1964年］
婚姻件数は、96万3130件。
人口1000人当たりの婚姻率は9・9。

離婚件数は、7万2306件。
人口1000人当たりの離婚率は0・74。

［2014年］
婚姻件数は、64万3740件。
人口1000人当たりの婚姻率は5・1。
離婚件数は、22万2104件。
人口1000人当たりの離婚率は1・77。

このように、ここ50年ほどの間で、結婚する人は半減し、離婚する人は倍増しています。つまり、夫婦の数が減少しているのです。

2014年の日本の総人口は1億2708万人。前年度より21万5000人減少しています。人口は減少を続け、日本は少子高齢問題を解決するために暗中模索しています。

人口増加＝出生数を増やすことです。2014年出生率は1・42。希望出生率1・

8という数字が掲げられています。そのためには「結婚数の増加」として婚活支援に税金が投じられていますが、的を得た支援がされているケースは少なく、思うような少子化対策にはなっていません。

それはそうでしょう。「結婚」は国のためにすることではなく、個人の自由なのです。とすれば、まず、個人個人が結婚の意義を理解した上で「家族っていいもの。結婚したい」「子どもを産み育てたい」と思える必要があります。

「苦労が多そう」「自由がなくなる」「仕事を辞めなくてはいけないかも」「他人と暮らすなんて上手くやっていけないかも」「子育て大変そう」といった、ネガティブなイメージを払拭しなければなりません。

そんな価値観の形成、社会の実現が求められています。私は、2008年11月に夫婦問題相談室『ワイズフェアリー』を開業し、これまで約2000件の夫婦問題のご相談に応じてきました。私が夫婦問題カウンセラーになったきっかけは、10年間もの間、弁護士秘書をしながら、悩みを持たれた方々と接する機会があったからです。

人生で起こり得る様々な問題は、法律問題ばかりではありません。特に男女に関することは、感情が優先され、法律で簡単に解決できない問題も多くあるのです。

10年間の間に「聴く」ことを学びました。その経験を活かして、悩んでいる方の力になりたい。少しでも支えになりたい。そう考え、行きついた仕事が現在のカウンセラー、そしてコーチでした。

私の相談室を訪れて来られるクライアントは、悩みも深くて修復できる状況にない方もいて、理不尽な選択を余儀なくされるケースも多くありました。私は、日々、一所懸命カウンセリングを行いながら、クライアントに感謝されつつも、何とも言えないもどかしさを感じていました。「もっと早く相談に来てくれたら」「事前に知識を持っていたら」、結婚後ここまで夫婦問題が深刻化することはなかったはずです。

「離婚しないに越したことはない」

私の師匠、岡野あつこ先生の言葉です。私もまったく同じ想いです。

ひとり親家庭の貧困率が高いことは統計的に明らかです。つまり離婚が貧困家庭を生むのです。ひとり親家庭は、再婚しない限り、子どもが増えません。

もったいない離婚、安易な離婚は、個人にとっても社会にとっても大きな損失です。

いずれにせよ、一人でも多くの方に、しあわせな結婚をしていただきたいと思います。冒頭にも書きましたが、今の時代、結婚がすべてではありません。結婚は、してもしなくてもいいのです。

なぜなら、世の中には、「結婚していてしあわせな人、そうでない人」「結婚していなくてしあわせな人、そうでない人」がいるからです。

私は、カウンセラーという立場、マリッジライフコーチという立場から、これらすべてのケースの方々と関わってきました。ですので、結婚がすべてではないということが言えるのです。大切なことは、個人個人が、いつか人生を振り返ったときに、「しあわせな人生」だったと思えることなのです。


「人生は出会い」

この言葉に尽きると思っています。

人は、生まれた瞬間から、様々な出会いの中で生きています。

遊び・学び・仕事・恋愛・結婚など様々なシーンがありますが、そこには必ず自分以外の存在があるはずです。

人は一人で生まれ、一人で死んでいきますが、独りでは生きられない生き物なのです。私自身、これまでの人生を振り返ってみても、どれだけ多くの人に支えてもらったか、その数は数えきれません。辛いこと、悲しいことが降りかかってきたとき、いつも周りにいる家族・友人・仲間が助けてくれ、支えてくれました。また、楽しいこと、嬉しいことがあったとき、一緒に喜び応援してくれたのも、家族・友人・仲間でした。やはり、人は独りでは生きられない生き物なのです。

本書は、そういう意味においては、結婚したいと思っている人に向けて、個人がやれることに特化して書かせていただきました。

これまで様々な婚活の場を見てきましたが、婚活イベントに参加するだけでは思うような結果は得られません。その前に、イベントやお見合いで自分を出し切れる力を身につけてほしいという願いを込めて書いています。

今回の出版は、私のカウンセラーとして、女性塾の主宰として、結婚相談所の代表としての草の根運動的活動を梓書院の田村志朗社長が認めてくださり実現しました。田村社長に感謝の気持ちで一杯です。

「結婚」については、今後、早期の段階での価値観教育が求められてくると思います。九州大学で「婚学」ゼミを開講されている佐藤剛史先生の講義を、2012年から拝聴する機会をいただいていることからも、強くその必要性を感じています。今回の出版に際し、佐藤先生には多大なご協力を頂きました。

また、本書にある私のスクール生の実話については、卒業生の皆さんが原稿にすることを二つ返事で承諾してくれたおかげで、リアルなコラムとして書くことができました。卒業生の皆さんが、「あのとき頑張ってよかったです。しあわせです」、そう言って私のオフィスに遊びに来てくれることがなにより嬉しいことなのです。

そして、いつも的確な意見を言ってくれるマネージャーの谷崎真由美さん。真由美さんの陰の支えがあって今の私があります。

ご協力くださった皆さん、支えてくださった皆さんに心からお礼申し上げます。

「凛とした女性」を目指して愛される女性、選ばれる女性になりましょう。

今日から実践。自分を見つめ、自分を好きになることから始めてください。本書を手に取ってくださったことに感謝致します。

2016年7月　玉井洋子

《参考文献・ＵＲＬ・サイト》

・ブライダル総研　http://bridal-souken.net/data/ra/renaikonkatsukekkon2015_release.pdf
・平成22年国勢調査　配偶関係　年齢（5歳階級）男女別15歳以上人口の割合
・『キレる女懲りない男―男と女の脳科学』黒川伊保子（ちくま新書）
・アドラーの心理学引用　http://www.excite.co.jp/News/laurier/mariage/E1375770060592.html
・出産適齢期についての引用　http://maternity-march.jp/koureisyussan86419/
・『大学で大人気の先生が語る〈恋愛〉と〈結婚〉の人間学』佐藤剛史（岩波ジュニア新書）
・小泉今日子書評集引用　http://mannaka55.com/book2/
・山口智子記事引用「ＦＲａＵ」（講談社）3月号インタビュー記事引用
http://blogos.com/article/161181/
・素直な心を養うための実践10か条　https://www.php.co.jp/pfc/sunao/develop.php
・謙虚な人の7つの共通点　5セカンズ　http://the5seconds.com/modesty-5898.html
・ジャネーの法則　https://ja.wikipedia.org/wiki/%E3%82%B8%E3%83%A3%E3%83%8D%E3%83%BC%E3%8
1%AE%E6%B3%95%E5%89%87
・おしゃれになりたいメンズに贈るファッションコーディネートレシピ
http://matome.naver.jp/odai/2140353603817530601
・ヘアケアに関する調査結果　http://news.livedoor.com/article/detail/7027851/

・「「メラビアンの法則」の誤解を解いて、〝伝える力〟を飛躍的にアップさせる方法」 http://conlabo.jp/mehrabian-law-320
・聞き方検定協会ＦＢページ
・男性脳と女性脳の違い
・色気のある女性　こぴいた http://za-sh.com/glamor-woman-2-3860.html
・アメリカの調査結果引用　Menjoy http://news.livedoor.com/article/detail/9274732/
・厚生労働省統計情報部「人口動態統計」平成21年度
・オリックス銀行　家計管理調査結果 http://www.orixbank.co.jp/topics/pdf/130827.pdf
・同居の理由　国立社会保障・人口問題研究所２００７年調査結果
・『夫婦関係を見て子は育つ』信田さよ子（梧桐書院）
・平成26年　総務省　労働力調査
・内閣府世論調査「夫は外で働き、妻は家庭を守るべきである」

PROFILE

マリッジライフコーチ

玉井 洋子（たまい ようこ）

弁護士秘書10年の経験を活かして2008年夫婦問題相談室WiseFairyを開設。これまで2000件以上の相談に応じてきた。

2009年に開校した女性塾WiseSchoolでは、多くの受講生が結婚に至る。

2015年9月には、再婚したい方が活動しやすい結婚相談所マリッジ・アゲイン®を開設。

離婚問題・夫婦問題、晩婚化・未婚化・少子化問題、超高齢社会問題等について、男女が自分らしく活き活きと生きられる社会を目指し日々業務に取組んでいる。

2016年2月には、一般社団法人ライフクリエーション協会を設立。「個々の豊かな人生の実現を支援し、その総和として豊かな社会の実現を目指す」をコンセプトに、自己実現のための研修、婚活支援などの事業を行っている。

TV・ラジオ・新聞等メディア出演多数。企業研修・講演多数。結婚25年目、男児2人の母。

共著『賢者に贈るマリッジライフコーチング　幸福な100年家族を目指して』（梓書院）

夫婦問題相談室WiseFairy　代表　http://www.wise-f.jp
結婚相談所 マリッジ・アゲイン® 代表　http://m-again.com
一般社団法人ライフクリーション協会　代表理事　http://life-cr.jp

玉井洋子　https://www.facebook.com/tamaiyoko

34歳《さい》までとは言《い》わせない！
35歳《さい》からのしあわせ婚《こん》 35の秘訣《ひけつ》

平成28年9月1日発行

著　者　玉井　洋子
発行者　田村　志朗
発行所　㈱梓書院
〒812-0044 福岡市博多区千代3-2-1 麻生ハウス3F
tel 092-643-7075　fax 092-643-7095

印刷・製本／シナノ書籍印刷

ISBN978-4-87035-582-8　

乱丁本・落丁本はお取替えいたします。